이 사람을 보라

간행사

여기 사람이 있습니다. 이 사람은 평생을 게으르지 않고 열심히 살았습니다. 게으르지 않고 열심히 사는 삶은 위대한 깨달음의 세계에 이른 붓다께서 남긴 마지막 말씀과 똑같습니다. 수행자가 아닌 누구라도 마찬가지입니다. 이렇게 사는 게 인간 삶의 바른 길입니다.

　이 사람은 온갖 어려움과 힘든 세월을 견디고 돌파하면서 자기 분야의 최고가 되었습니다. 스스로는 물론 이웃을 위해 열심히 살았고 먼 후대의 사람들을 위해서도 보람된 삶을 살았으니, 성자와 현인과 대보살을 어찌 다른 곳에서 찾겠습니까.

　이 사람이 혼신의 힘을 다해 살아가는 동안 우리는 조금씩 발전했지만 이 사람이 가고 난 뒤에 우리는 훨씬 더 먼 길을 걸어갈 수 있게 되었습니다. 모두가 이 사람 덕분입니다. 그 고귀한 삶을 기록하고 정리해 나가는 일은 우리 후학들의 자랑이요 의무이기도 합니다.

　　이 사람은 한 사람이 아닙니다. 한 사람 한 사람이 모여 우리가 되었으니 우리 모두가 이 사람입니다. 이 사람의 정신과 이 사람의 행동과 이 사람의 피와 눈물이 우리들 모두가 되었습니다. 그래서 이 사람은 역사 속에서 기억되는 존재가 아니라 지금 이 순간 우리와 함께 살아가는 영원의 길벗입니다. 우리는 이 사람을 통해서 순간이 영원이 되는 삶을 살아갑니다.

　　기릴 만한 선배가 있는 사회는 아름답고 건강합니다. 칭찬하고 격려하고 본받고 기리는 일이 어찌 지혜롭고 건강한 사회의 본분사가 아니겠습니까. 열 가지의 나쁜 일은 가려서 하지 않고 열 가지의 좋은 일만 골라서 한다면 역사상의 어떤 태평성대보다 좋은 세상이 될 것입니다.

　　이 책은 좋은 마음과 착한 행동을 위한 우리 사회의 길잡이가 되고자 합니다. 한 사람 한 사람의 걸어간 발자국이 우리를 감화시켜서 보다 나은 세상으로 나아가는 데 도움이 될 수 있기를 바랍니다.

2023년 2월
동국대학교 총장 윤성이
동국대학교 총동창회장 박대신 합장

"미술사학은 눈과 머리와 발로 해야한다. 현장을 부지런히 다니며 눈으로 직접 유물을 보라."

"일제강점기, 일본이 약탈해간
우리 문화재를 돌려받기 위해서는
'문화재 침탈이 아니다'라는
그들의 주장을 '논리적'으로
무너뜨려야 하겠다고 생각했다."

"먼 길을 오느라 지칠대로 지친 그의 눈에 감은사지 삼층석탑이 한가득 들어왔다. 피로는 눈 녹듯 사라지고 벅찬 감동이 밀려왔다."

"우리나라 최고의 보배,
불국사와 석굴암의
보수를 완성한 것은
가장 기억에 남고
보람도 느꼈던 일이다."

"아, 이렇게 사람을 편하게 해주는
불상도 있구나!"
'백제의 미소'라 불리는
서산마애삼존불의 온화한 미소를
온 국민이 볼 수 있도록 해주었다.

이 사람을 보라

불교미술의
아름다움을 찾아낸
미술사학자
황수영

신대현 지음

동국대학교 출판문화원

목차

프롤로그

1장 미술사학자 황수영

1. 황수영과 한국 미술사학   26
   미술사학의 개척자   26

2. 한국 미술사학의 발자취   32
   철학과 역사 그리고 미술의 큰 어울림, 미술사학   32
   한국 최초의 미술사학자 고유섭   35
   미술사학은 눈과 머리와 발로 하라   37

2장 젊은 시절의 방황

1. 개성상인의 아들   44
   반듯하고 소탈했던 개성 소년   44
   고적과 사금파리를 좋아한 소년   48
   평생의 벗을 만난 어린 시절   49

2. 인문학에 심취했던 청소년 시절, 그리고 일본 유학   53
   경주 수학여행의 감명   53
   철학·역사·문학을 탐독하던 학창 시절   58

수재들의 요람 도쿄제국대학교	63
이와나미 출판사 편집장	68

3장 스승과 제자

1. 인생의 스승 고유섭	74
개성박물관과 고유섭	74
스승과 함께 간 개성 고적 답사	78
그 스승에 그 제자, 개성 삼걸三傑	85
2. 스승의 영정 앞에서 다짐한 약속	87
스승 고유섭과의 영원한 이별	87

4장 미술사 연구의 첫걸음

1. 해방 전후	98
북만주에서 겪은 고난	98
다시 그리운 고향으로	104
박물관에서 출발한 미술사학 연구의 길	108
2. 박물관에서 보낸 시절	118
박물관에서 만난 동료들	118
보물 발견의 첫 경험, 부여 사택지적비 발견	124
박물관 시절의 일화	129
3. 6.25전쟁에서 박물관의 유물을 지키다	131
박물관도 피해갈 수 없었던 전쟁 피해	131
북한 요원에게 접수당한 국립박물관	132
덕수궁미술관에 옮긴 박물관 유물	134
용기와 기지를 발휘한 '유물 포장 지연' 작전	137
덕수궁에 떨어진 포탄, 불길 속에서	140
박물관을 떠나 새로운 길로	143
전쟁으로 사라진 문화재들	146

4. 대학에서 시작한 연구와 제자 양성의 길	151
5. 일본에서 되찾아온 우리 문화재, 한일 문화재 반환위원회	158
해외 유출 문화재를 환수하기 위한 노력	158
일제강점기에 파헤쳐진 고려청자와 석굴암의 관음보살상, 불탑	160
국가 간 문화재 환수의 효시가 된 '한일 문화재 회담'	166
돌아온 우리 문화재	169

5장 가는 곳마다 국보와 보물을 찾아냈던 '황금의 손'

1. 겨레의 국보 석굴암 수리와 복원	179
석굴암 수리 복원의 배경과 과정	182
열악한 환경을 무릅쓰고 3년간 이어진 중수	184
석굴암 중수에서 어려웠던 문제들	186
석굴암 본존불상 이름을 밝혀준 판자 하나	189
'암굴암' 또는 '목굴암' 비아냥도 들었던 석굴암 복원	192
2. 동해구, '나의 잊히지 못하는 바다'	199
신라 역사의 비밀이 담긴 동해구의 유적들	199
감은사지 발굴의 숨은 이야기	204
3. 문무왕 해중릉 발견	209
하늘이 내린 인연, 문무왕 수중릉 발견	209
온 국민이 환호했던 문무왕릉 발견	215
이견대利見臺는 어디인가?	218
4. 천오백 년 만에 밝힌 만파식적의 비밀	222
학문적 상상력을 동원한 '만파식적'의 향방	222
5. 백제미술 연구를 향한 열정	231
백제미술의 우수성	231
백제미술의 정수, 서산마애삼존불	233
백제사를 새로 쓰게 한 부여와 익산의 고적 조사 연구	239

6장 서산 마애불을 닮은 미소

1. 한국 미술사 연구의 산실 고고미술동인회 — 244
　고고미술동인회 창립 — 244
　위기에 빠진 고고미술동인회를 반석에 올려놓다 — 247

2. 미술사학의 인재들을 길러내다 — 250
　학문을 시작했던 국립박물관의 관장으로 돌아오다 — 250
　미술 연구의 요람이 된 동국대학교 — 252

3. 캠퍼스에서 만난 황수영 — 255
　'우리 교수님', 황수영 — 255
　생활은 검소하게, 생각은 고상하게 — 258
　스승의 학문을 한 데로 모은 『고유섭 전집』 — 260
　미술사학계의 역사적 지표가 될 『황수영 전집』 — 264

부록

에필로그 — 272
초우 황수영 연보 — 278

프롤로그

조각가 알베르토 자코메티가 장렬하다 할 만큼 온몸을 불태우며 창작 하는 걸 보다 못한 오귀스트 로댕이 "왜 저렇게 힘들게 작품을 하는가!" 하며 탄식했다. 나중에 작가 장 주네도 자코메티의 평전을 쓰며 "그는 세상과 역사의 돌이킬 수 없는 어떤 흐름에 휘말린 듯했다."라고 썼다.

예술은 아름다움으로 인간에게 감동을 준다. 학문은 예술이 아니나, 치열하게 학문을 연구했던 학자의 인생 역시 진한 감동을 준다. 그런 면에서 예술가의 작품과 학자의 고결한 학문 세계는 서로 닮았고 그 자체로 예술이라고 느낀다.

초우蕉雨 황수영黃壽永 선생의 학문과 인생이 바로 그런 것 같다. 평생 불교 미술사라는 학문을 천착하며 오로지 공부에 매진했던 그 모습이, 예술과 학문이라는 활동 영역의 차 이만 있을 뿐 자코메티의 행적과 그대로 겹치는 듯 생각되어서다. 어떤 분야이든 최선을 추구하고 최고가 된 사람들의 발자취는 모두 비슷한지 모른다.

　　　1950년대부터 시작한 불교 미술사 연구의 긴 여정 속에 그의 발길과 손길이 닿지 않은 유적과 유물은 찾아보기 어렵다. 그간 이루 셀 수 없을 만큼 많은 국보와 보물이 그에 의해 발견되고 연구되었으며 그 가치를 인정받았다. 그래서 그는 한국 미술사의 초인이자 전설이 되어 있다. 학문 연구만이 아니라, 동국대학교 총장, 국립중앙박물관 관장, 한국미술사학회 대표회원 등 여러 교육 및 연구기관의 수장으로서도 그는 찬연한 업적을 쌓았다. 그가 길러낸 제자가 지금 우리나라 불교 미술사학계의 큰 대들보가 되었고, 미술사학계 역시 탄탄한 입지를 지니게 되었으니까. 한 인간으로서 이렇게 큰 일을 이룰 수 있는 사람이 또 얼마나 있겠는가.

　　　이 책에는 선생의 숱한 성과 중에서도 가장 중요하다고 생각되는 석굴암, 대왕암, 서산 마애불, 한일 문화재 반환 회담 같은 중요한 일 몇 가지만을 추려서 실었다. 선생이 평생 걸어왔던 자취에 비해서 적다면 너무 적겠으나, 그래도 선생이 평소 가장 애착이 가는 일이라고 말씀했기에 선생을 말함에 있어서 많이 모자라지 않다고 생각한다. 그래서 이 책이 그의 삶을 돌아보는 기회로만 그치는 게 아니라, 한국 미술사를 연구하는 이가 계속 나오는 계기가 된다면 가장 기뻐할 사람은 아마 바로 선생 자신이 아닐까 한다.

  선생의 학문을 잘 이어받은 훌륭한 제자가 적지 않다. 선생 문하에서도 최말단에 앉아 있었을 뿐이던 내가 이 책을 쓰게 되어 처음에 무척 송구했다. 그렇지만 선생의 인생을 책으로 남기라는 인연이 내게 닿은 모양이구나 하고 생각하며 그저 최선을 다하려 했다. 고심 끝에 완성은 하였으나, 역시 졸렬한 문장과 좁은 시선이 행간 곳곳에서 보여 행여 선생의 고결한 인생과 드높은 학문에 누가 되지 않을지 마음을 졸이고 있다. 다만 이럴 줄 알고 그러셨는지 선생께서는 당신의 학문 인생을 적은 글을 여러 편 남기셨다. 또 만년에 『우현 전집』과 『황수영 전집』을 낼 때 나더러 편집을 맡으라고 분부하셨기에 그때의 경험이 이 책을 쓰는 데 큰 도움이 되었다. 선생의 학문을 따라가다보면 그 자체로 완벽한 서사敍事임을 느끼게 된다. 그래서 옛날 공자가 『춘추春秋』를 짓고 나서 "나는 있는 바를 그대로 적었지 일부러 만든 말은 없다(述而不作)."라고 했듯이, 나 역시 이 글을 쓰면서 선생의 발자취를 좇아 적기만 했을 뿐 더하거나 덜지는 않았다.

몇 해 전 '초우 황수영 박사 추모비 건립위원회'에서 『선사先師의 길을 따라서』라는 선생의 사진집을 간행했다. 또 국립중앙박물관이 공개하는 자료 중에서도 선생에 관련한 사진이 있다. 선생의 자취를 책으로 엮으면서 여기에 따르는 사진 마련이 고민일 수도 있었던 터에 이들에게 큰 도움을 받을 수 있어서 감사드린다. 이 또한 이 책이 나오기 위한 인연이 닿았다고 생각한다.

2023년 2월
신대현

1장

미술사학자
황수영

1.
황수영과 한국 미술사학

미술사학의 개척자

황수영黃壽永(1918~2011)은 신생 학문인 미술사학을 일본이나 중국이 부러워할 만큼 기름진 토양을 갖춘 학계로 일궈낸 우리나라 제1세대 미술사학자이다. 1940년대 중반부터 이후 60여 년 동안 왕성한 연구 활동을 하면서 한국 미술사학의 이론을 정립하고 수준을 몇 단계 끌어올렸다. 일제강점기에 우리나라에 처음 소개되어 역사가 비교적 얼마 안 되었던 미술사학이 오늘날 인문학으로서 확고한 뿌리를 내리고 훌륭한 연구자가 계속 배출되는 등 탄탄한 저변을 확보한 데에는 그의 공헌이 아주 컸다.

    미술사학은 미술 실물과 유물로 하는 공부이다. 그런데 불상이나 석탑, 비석 같은 오래된 유물은 전국 산간이나 벽지 등 사람들의 발길이 잘 닿지 않은 곳에 자리한 예가 많다. 유물의 가치를 몰라 보호하지 못하고 훼손될 여지가 많은 것이다. 황수영은 전국을 조사하며 그때까지 잘 알려지지 않은 유물들을 찾아내며 우리 미술사학의 중요한 자료로 삼았고, 또 문화재로써 보호될 수 있게 하였다. 이렇게 그가 손과 발로 찾아낸 유물 중에는 지금 우리가 자랑해 마지않는 국보나 보물로 지정된 작품들이 허다하다.

특히 그가 한창 연구에 몰두하던 시기는 해방을 맞았으나 얼마 안 되어 6.25전쟁을 겪는 등 우리 사회가 매우 혼란스러운 때였다. 학계는 아직 제자리를 잡지 못했고 전국의 유물에도 큰 피해가 나는 등 미술사학계가 마주한 환경은 너무나 거칠었다. 그러나 그는 이러한 어려움을 이겨내고 동료, 후배 학자들과 함께 우리 문화재를 지켜내고 역사 문화적 가치를 대중에게 널리 알리는 데 앞장섰다. 그래서 미술사학이 다른 어느 학문 분야보다도 빠른 발전을 이룰 수 있었다. 그래서 그는 '한국 미술사학의 개척자'로 불린다.

그런데 이런 말만으로는 그가 생전에 이룬 학문적 성과를 다 표현했다고 하기 어렵다. 그가 세운 학문 이론이 학계에 여전히 금과옥조처럼 여겨지고, 그가 발굴하고 찾아내어 가치를 부여함으로써 지금 우리가 세계에 자랑하는 숱한 문화재를 갖게 되는 등 그의 업적이 너무 우뚝하기 때문이다. 따라서 그는 오늘날 풍요한 불교 미술사학계의 터전을 일군 개척자이자 우리 불교미술의 멋과 아름다움을 찾아낸 혜안慧眼의 미술사학자였다고 해야 할 것 같다.

그의 학문 분야는 미술사학 중에서도 특히 불교 미술사이다. 주전공 분야라 할 불상을 비롯하여 탑파·범종·향완·금고 같은 금속공예, 사경寫經* 등 불교미술의 거의 모든 영역에 닿아 있다. 지금 우리한테 남아 있는 고대 미술은 대부분 불교와 관련된 작품들이며, 국보와 보물 등 지정 문화재만 해도 70% 이상이 불교 미술품이다. 그래서 우리나라 미술사학의 주된 연구 대상은 처음부터 불교미술이었다고 할 수 있고, 아직 이런 흐름이 이어지고 있다.

또 그는 전공인 미술사학 외에도 역사 연구의 기본이 되는 금석문金石文을 집대성하여 동료와 후학들에게 기본 자료를 제공하는 등 아주 폭넓은 연구 활동을 이어갔었다.

황수영은 이렇게 불교미술이 지니는 역사적 의미와 미술적 가치를 밝히는 데 평생을 바쳐 힘을 쏟아 우리의 전통문화와 미술이 대중에 좀 더 잘 알려지는 계기를 만들었고, 그럼

문경 봉암사 지중대사적조탑 탁본
조사 현장에서(오른쪽이 황수영)

*손으로 베껴 쓴 경전

으로써 문화재가 제대로 보존될 수 있도록 했다. 지금도 미술사 교과서의 한 대목을 장식하는 우리나라 역사에 빛나는 작품들이 상당수 그의 연구를 거쳐 가치가 인정되곤 했다. 예를 들면 2021년 국립중앙박물관에서 '사유의 방'이라 이름 붙인 공간에 국보 반가사유상 2점을 나란히 전시해 대중의 큰 호응을 받았다. 이 반가사유상들의 유래와 미술사적 가치를 가장 먼저 그리고 가장 자세히 밝힌 이도 바로 그다. 만일 그의 이런 노력이 없었다면 세계적 국보가 지금 박물관 창고 안에만 놓여 있었을 지도 모른다. 그래서 미술사학이 이제 상당한 수준에 오른 오늘날 미술사를 연구하는 학자는 당연히 그의 학문 세계를 접하면서 외경심을 느끼게 된다. 또 일반 대중에게도 지금처럼 발전한 미술사의 초석을 놓았던 그의 자취를 통해 미술사가 걸어왔던 길을 이해할 수 있다.

　　황수영의 학문 성과는 저술 40여 권과 논문 250여 편에 잘 남아 있다. 이도 물론 대단하지만 1950년대 이후 문화재나 미술사에 관한 중요한 뉴스에는 대개 그의 이름이 함께 언급된 데서도 당시 그의 학문적 위상이 어떠했는지 알 수 있다. 그가 학계에 처음 소개한 서산마애삼존불(1959년), 경주 석굴암 보수(1962~1964년), 익산 왕궁리 오층석탑 사리장엄 유물(1966

년), 경주 문무왕 해중릉 대왕(1967년) 등은 20세기 불교 미술사학계 최고의 발견으로 꼽힐 만하다.

　이렇게 수많은 고대 유물이 그에 의해서 알려지게 된 건 사실 행운만이 아니라 그의 밝은 눈과 부지런한 발을 통해 이뤄진 것이다. 그는 언제나 유물과 유적이 있는 곳이면 험하고 먼 길을 마다하지 않고 어디든 기꺼이 찾아갔다. '발이 부르트도록 다녔다'라는 말이 그에게 꼭 들어맞을 것이다. 석굴암 조사 3년 동안 석굴암이 자리한 토함산 정상까지 멀고 힘든 길을 수백 번 걸어서 올라갔다 왔고, 대중교통이 변변하지 못하던 1950년대에 부여에서 출발해 꼬박 이틀을 걸어서 익산 미륵사지까지 갔던 일 등이 그런 예이다. 그야말로 '기차 레일이 닳도록' 전국의 문화유적을 섭렵하였다. 그는 학문에 뜻을 둔 젊은 사람들에게 학자가 지녀야 할 가장 필요한 덕목이 무엇인지를 이렇게 행동으로써 보여준 것이다.

2. 한국 미술사학의 발자취

철학과 역사 그리고 미술의 큰 어울림, 미술사학

미술사학자 황수영의 학문과 삶을 잘 이해하기 위해서는 미술사학이 무언지 먼저 알아야 한다.

미술사학은 '미술의 역사'이기도 하고 동시에 '미술품으로 본 역사'이기도 하다. 영어로 'Art History'이듯이 서양에서는 미술의 역사를 연구하는 데 중점을 두고 발전해왔으나, 동양에서는 옛날부터 역사적 관념이 발달했던 전통이 있어서 '미술품을 자료삼아서 하는 역사 탐구'의 경향이 좀 더 강하다. 말하자면 서양에서는 미술에, 동양에서는 역사에 방점을 둔다고 말할 수 있다. 둘 다 가능하고, 어느 쪽에 더 무게를 두느냐는 오로지 연구자의 선택일 뿐이다.

본질 면에서 미술사는 '미술학'과 어느 정도 비슷하다.

단지 미술학은 미술 자체가 주는 감동과 창작의 의미를 연구하는 데 비해서 미술사학은 고대부터 근대에 이르는 미술의 역사, 미술품의 가치를 다룬다는 점이 다를 뿐이다. 그런데 미술품은 일차적으로 그것을 만든 사람의 예술 정신이 발휘되어 탄생하나, 한편으론 모든 작품에는 그 시대를 살았던 사람들의 풍속과 문화, 정서가 반영되어 있기 마련이다. 그래서 미술품을 연구하면 옛날의 문화와 역사도 알 수 있다. 따라서 미술사학은 역사학의 한 분야이자 또한 미술의 영역에 있기도 하다.

그런데 미술품은 글자가 아니라 조형造形이어서 미술품을 역사 연구의 자료로 삼기 위해서는 먼저 형태가 갖는 의미를 해석해야 한다. 그래서 미술사는 작가의 성향과 계보, 형태의 상징과 형식에 관한 지식 등을 체계적으로 쌓아가게 된다. 이렇게 하면 작품에 구사된 기예技藝의 특징, 미술 작품의 역사적 유래와 상호 관련성, 그리고 어떤 시대에 유행했던 스타일Style이 이해되고 개별 작품의 가치를 가늠할 수가 있다.

근대 학문으로서 미술사학은 18세기 후반 유럽에서 시작하였다. 유럽은 서양 미술의 발상지이자 고대—중세—르네상스로 이어지는 시기에 큰 발전을 이루었다. 그러면서 미술이 지니는 인문학적 요소가 철학자들의 관심을 끌었다. 그래서 작품을 볼 때 아름다움을 느끼는 인식은 어디에서 비롯하는가? 아름다움을 위한 특정한 조형造形이 존재하는가? 같은 문제들을 들여다보기 시작했다. 특히 이런 경향은 철학이 꽃피웠던 독일에서 두드러졌다. 그 결과 철학의 한 갈래로서 미학과 함께 미술사학이 정립했다. 한마디로 미술사학은 아름다움이 무엇인가 하는 문제에서 출발해, 그 아름다움을 보고 느끼는 인간의 본성에 관한 성찰이다. 따라서 미술사학은 결국 철학과 역사와 미술을 종합한 인문학적 연구로 귀결된다.

그런데 세계의 모든 나라마다 역사와 문화가 똑같은 상황에서 발전한 게 아니라서 미술사학 연구 역시 실제적으로는 지역적 혹은 국가적 특징을 살펴야 한다. 그래서 지역에 따라서 '서양 미술사', '동양 미술사'로 구분하게 된다. 동양 미술사라고 하더라도 한국을 비롯해 중국과 일본 등 나라마다 서로 다른 역사적 배경을 지니므로 '한국 미술사', '중국 미술사', '일본 미술사'처럼 나라별로 구분하여 연구하게 된다. 또 미술품이 기독교나 불교 등 종교의 가치를 알리고 신앙을 북돋우기 위해서 제작되는 경우도 많다. 동서양에서 발전했던 주요 신앙은 높은 수준의 문화를 지니고 있으므로 이런 종교미술에 훌륭한 작품들이 많이 전해진다. 서양에서 고대 이후 르네상스 이

전의 미술은 기독교미술 일색이었다고 할 수 있고, 동양에서는 1세기 이후 불교미술이 큰 비중을 차지하며 미술의 흐름을 주도해 왔다.

한국 최초의 미술사학자 고유섭

일본이 19세기에 근대화에 큰 힘을 쏟으며 서양 근대 문물을 받아들일 때 서양의 미술사 이론도 함께 도입되었다. 일본에서 동양적 사관이 가미되어 발전된 미술사학은 20세기 초반 우리나라에 처음 소개되었다.

그런데 한국 미술사가 연구되기 시작할 때만 해도 연구자가 거의 일본인 일색이었다. 그래서 연구 방향도 일본적 세계관에 부합하는 경향을 보였다. 이런 흐름은 황수영의 세대에 들어와서야 고쳐지게 되었다. 우리의 시각과 역사관에 따라 한국 미술사학을 연구하게 된 건 그를 비롯한 세대부터라서 할 수 있다. 그런데 그에 앞서서 우리나라 미술사학을 연구한 최초의 미술사학자가 있었다. 바로 황수영의 스승 우현又玄 고유섭高裕燮(1905~1944)이다.

그는 일제강점기인 1927년에 경성제국대학에 처음 설치된 미학·미술사학과에 입학한 최초이자 단 한 명뿐인 한국인

개성 현화사 7층 석탑에서
우현과 함께(1940).
사진 왼쪽이 황수영, 오른쪽 세 번째
앉아있는 이가 스승 고유섭.

학생이었다. 졸업 후 유일한 한국인 미술사학자로서 우리나라 미술사학 연구에 정진하였고, 황수영을 직접 가르치며 그를 미술사학이라는 학문 세계로 인도하였다. 고유섭은 우리나라 고대 미술사임에도 일본인 시각에서 바라보았던 당시의 관행을 탈피하여 상당한 성과를 올리는 등 탁월한 업적을 남겼다. 그렇건만 마흔이 채 안 된 나이로 요절한 탓에 그 이름이 자칫 역사에 묻힐 수도 있었다. 그러나 황수영이 스승이 남긴 논문이나 기고문 같은 글들을 모아 책으로 펴내어 그의 학문을 세상에 알림으로써 올바른 평가가 내려질 수 있게 하였다. 그 결과 고유섭은 오늘날 우리 미술사학의 비조로 자리매김하였다.

　　황수영은 스승의 학문을 잘 이어받아 스승의 업적과 자취를 미술사학계에 널리 알렸으며, 나아가서 본인만의 탁월한 학술 업적을 남김으로써 한국 불교 미술사의 큰 별이 되었다. 스승의 훌륭한 학문이 제자에게 이어지는 일을 '사자상승師資相承'이라 하는데 고유섭과 황수영이 말에 딱 들어맞는다.

미술사학은 눈과 머리와 발로 하라

그는 학문 인생을 통해서 다음 두 가지 문제에 특별한 노력을 기울였다. 하나는 일제강점기 일본인 학자에 의해 왜곡된 한국

미술사를 바로잡아 미술의 시대적 특징을 정확히 설정하는 일이고, 다른 하나는 역시 일제강점기에 다수의 우리 문화재가 일본으로 불법 유출되었음을 밝혀내고 이를 돌려받기 위해 사실을 확인하고 증명했던 일이다.

국사학계에서 말하는 '식민사관'은 일제강점기 일본인 역사학자들이 일본이 조선을 병합하여 식민지로 삼은 만행을 정당화하고자 우리나라의 역사를 왜곡하여 수립한 역사 관점을 말한다. 식민사관은 미술사 분야에도 폐해를 끼쳤다. 삼국시대나 통일신라 미술이 일본의 영향을 받아 융성하게 되었다거나, 또 한국의 미술은 어디까지나 주변국의 문화이므로 상대적으로 우수한 일본의 그것보다 열등하다는 식으로 설명하고 서술하였던 태도가 그 예이다.

열등한 나라의 미술이니 자신들이 연구하고 관리해준다면서 전국 여기저기의 유적을 함부로 파헤치고 심지어 일본으로 가져가는 일이 숱하게 벌어졌다. 말도 안 되는 작태임에도 오랫동안 이어지면서 관행처럼 되어버렸는지 우리도 조금은 무감각해진 측면도 있었다. 더군다나 당시는 우리나라에 미술사를 전공하는 학자도 얼마 되지 않았을 때였다. 해방 직후까지도 식민사관이 끼친 해독이 한국 미술사에 사라지지 않고 있었다. 그런 상황 속에서 황수영은 우리나라 미술사의 올바른 정립을 위한 연구에 몰두했고, 일제강점기에 교묘하게 훼손된 우리 문화재의 복원과 실체 회복에 온 힘을 쏟은 것이다. 불국사와 석굴암을 중수하며 원래의 모습을 최대한 구현해냈던 일이 그중 하나다.

이상 두 가지 일 외에 그동안 잊고 있었던 우리 문화의 실체를 찾아내고 해석하는 데에도 탁월한 성과를 냈다. 예를 들면 경주 동해에 있는 작은 바위섬이 바로 통일을 이끈 문무왕의 유골이 뿌려진 해중릉임을 찾아내고, 고대 공예 기술의 상징인 범종의 음통 모양이 『삼국유사』에 전하는 만파식적을 조형화 한 것임을 밝혀낸 일 등이 그것이다. 그의 이러한 업적 중에서 특히 중요한 몇 가지를 이 책에 소개했다.

그가 제자들에게 평소 강조한 미술사학 공부의 기본자세가 있다. '미술사학은 눈과 머리와 발로 하라'는 것이다. 미술사학자는 미술품을 많이 보면서 안목을 기르고, 책과 논문을 통하여 이론을 익히며, 무엇보다도 유물이 있는 현장을 부지런히 다녀야 한다는 이야기이다. 이 중에서도 특히 '발로써 하는 미술사'를 강조했다. 이 말은 사진이나 남의 견해에 너무 의존하지 말고, 자기의 눈으로 직접 유물을 보려고 최대한 노력

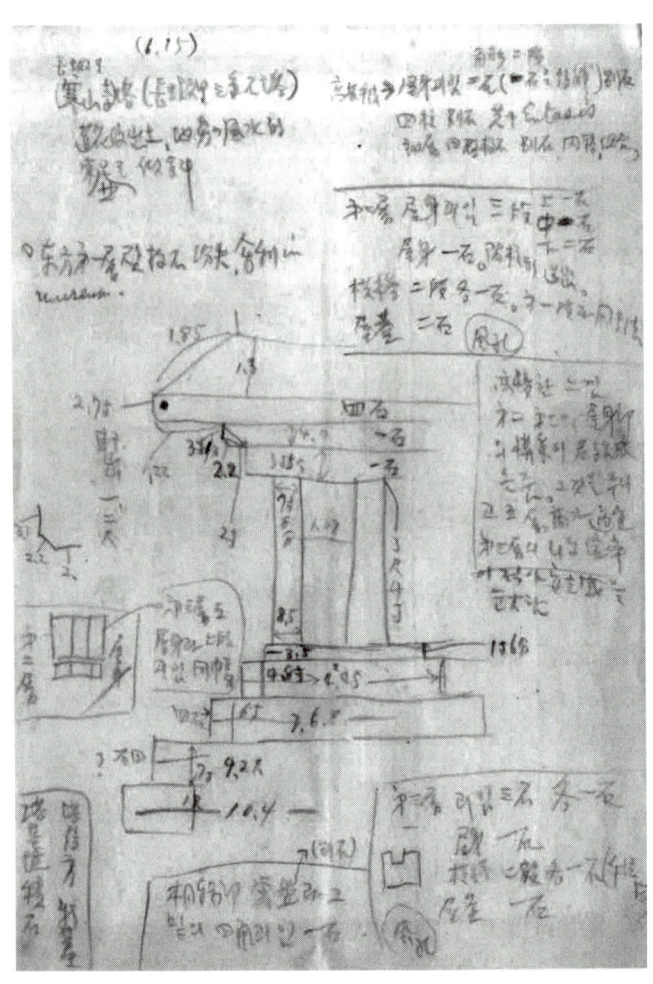

황수영의 부여 장하리 삼층석탑
조사 기록

해야 한다는 뜻이다. 미술사학은 미술품을 연구 대상으로 하니 당연히 실물을 보아야 한다. 그런데 어느 정도 경험이 쌓이면 이론이나 자신의 지식을 믿고 사진이나 도면만 보고서 판단하려는 타성도 생길 수 있다. 하지만 바로 그럴 때 실수가 나올 가능성이 크다. 그래서 그는 어떤 경우에라도 이런 원칙을 스스로 철저히 지키며 연구할 때 비로소 성과를 얻을 수 있다고 말하곤 했다. 성실이야말로 공부하는 사람이 꼭 지켜야 할 자세라는 것이다.

그는 동국대학교에서 30년 동안 교수로 봉직하였고 정년을 앞두고 총장이라는 무거운 직책까지 맡아 학교 운영에도 애를 썼다. 학자로서 그가 지녔던 큰 미덕 중 하나가 자신이 근무하는 학교의 테두리에 국한하지 않고 다양한 계층에서 제자를 길러냈다는 점이다. 다시 말하면 그는 이른바 학맥이나 문중 따위의 말을 싫어했고, 공부하는 사람이라면 누구나 서로를 존중하고 그의 견해를 들을 수 있어야 한다고 생각했다. 그래서 황수영의 제자임을 자랑스럽게 생각하는 사람은 특별히 어떤 한 집단에 편중되지 않는다는 특징이 있다. 불교 미술사학계가 지금처럼 큰 발전을 이룬 것도 그의 이런 태도에 힘입은 바가 크다.

2장

젊은 시절의
방황

1.
개성상인의 아들

반듯하고 소탈했던 개성 소년

황수영은 1918년 6월 10일 경기도 개성 관훈동에서 태어났다. 개성은 500년 동안 고려의 수도였던 고도古都라 오랜 역사와 전설이 곳곳에 스며있다. 마치 경주가 신라의 천년 수도여서 도시 어디에든 옛 유물과 유적이 있는 것과 비교할 만하다. 2013년에 개성 성곽, 개성 남대문, 만월대, 첨성대, 성균관, 숭양서원, 선죽교, 표충비, 왕건 왕릉, 칠왕릉, 명릉, 공민왕릉 등이 유네스코 세계유산이 되었을 만큼 역사와 문화의 향취가 흠뻑 밴 곳이다. 이런 개성에서 태어나고 자라나 어려서부터 접하였던 고도의 고즈넉한 분위기도 그가 미술사를 공부하는 데 영향을 주었다.

황수영의 할아버지는 인삼밭을 운영하며 자수성가하여

큰 부자라는 소리는 못 들었어도 살림에 큰 어려움은 없었다. 그의 아버지 황성현黃性顯도 가업을 이었다. 황수영은 보통학교 6학년 때 아버지 따라 박연폭포로 여름 피서 다녀온 일이 어렸을 적 행복했던 기억이라고 말하기도 했으니, 더러 교외로 가족여행을 다녀올 수 있을 만큼의 중류 계층이었다.

황수영은 어려서부터 행동이 반듯하고 성격이 소탈했다고 한다. 생활면에서는 검소하기로 유명했는데, 개성의 상인 집안에서 태어나 어려서부터 경제관념이 몸에 배어 근검과 절약이 생활 속에 자리 잡고 있었기 때문이다. 그의 검소함에 관한 훗날의 일화 하나가 있다.

1971년 국립박물관장으로 있을 때의 일이다. 관장이라 박물관 관용차를 타고 안암동 집을 오갈 때가 많았다. 1955년 동국대에 임용되고 나서 구한 집이라 낡고 좁은 것을 보고 어느 날 운전기사가 이렇게 말했다.

"아니, 한 나라의 박물관장 댁이 뭐 이러합니까?"

대학 교수이자 국립박물관 관장 댁이니 당연히 으리으리하지 않을까 예상했는데 여느 서민의 집과 다를 바 없어 놀라기도 하고 실망하기도 해서 한 말이었다. 그는 그만큼 검소함이 몸에 배어 있었고 분에 넘치는 생활은 하지 않았다. 운전

보통학교 시절 아버지와
박연폭포에서(1930년)

기사가 놀랐던 이 집은 안암동 1-41에 자리한 17평짜리 작은 집이었다. 6.25전쟁이 일어나 부산으로 피난 갔다가 1952년 9.28 서울 수복 때 올라와 직장을 잡은 뒤 얻은 집이라 애착도 갔다. 한때 교수촌이라고 불릴 만큼 여러 대학의 교수들이 모여 살았으나 1970~80년대에 다들 떠났다. 그래도 그만은 '사는 집이 클 필요는 없다.'라며 한참을 여기서 더 살다가 정년퇴임 후에야 아파트로 이사 갔다.

시인이자 언론인 이흥우李興雨(1928~2003)가 한 인터뷰 기사에서 황수영의 성격을 이렇게 표현했다.

"그의 생활은 그처럼 바르고 곧고 규모가 있으면서도, 그의 검소는 오히려 소탈로 동화한다. 담배도 술도 하지 않는다."

그의 말처럼 황수영은 자신이 정한 생활 리듬에서 한 치도 벗어나지 않은 채 언제나 그대로 보냈다. 새벽 다섯 시에 일어나 녹차나 커피를 마시며 글을 쓰고, 여덟 시 조금 넘어 집을 나섰다. 학교에서 강의하고 업무를 본 다음 집에 돌아와 아홉 시면 잠자리에 드는 일과였다. 이런 생활을 적어도 대학 정년

때까지 흔들림 없이 이어갔다. 더러 며칠씩 지방으로 답사 갈 때가 예외라면 예외였다.

고적과 사금파리를 좋아한 소년

개성은 고려 오백 년의 고도여서 곳곳에 유적이 있다. 송악산 아래 고려 왕궁이었던 만월대滿月臺에 가면 오래된 깨진 기와가 널려 있는 사이로 돌계단과 주춧돌이 옛 모습 그대로 남아 있었고, 청자 조각도 여기저기 뒹굴고 있었다. 어려서부터 옛것에 남달리 흥미가 많았던 소년 황수영은 혼자 이런 호젓한 고적을 찾아다니는 게 재미있었다. 바닷가 하얀 모래 속에서 진귀한 조개껍데기를 줍는 것처럼, 색깔도 깨끗하고 더러 글자도 새겨진 기와나 청자 깨진 조각들을 꼭 주워오곤 했다.

   고등학교 여름방학 때인데, 장마로 며칠 내내 비가 내리다가 활짝 갠 어느 날 오후에 모처럼 만월대에 나가봤다. 그동안 많이 내린 비로 흙이 쓸려나가 땅바닥이 많이 드러나 있었다. 평소 잘 안 보이던 기와며 자기 조각이 더 눈에 잘 띄어 맘에 드는 걸 골라서 바지 주머니가 불룩하도록 가득 담아 가지고 왔다. 이것들을 대청 쪽마루에 죽 늘어놓고 햇볕에 말리다가 이를 보신 할머니에게 별걸 다 가지고 온다고 꾸지람을 듣기도 하였다. 이 일이 이상하게 그의 기억에 오래도록 남았다.

황수영은 훗날 자신의 이런 어린 시절의 회상하면서 역사나 고적을 좋아했던, 조용한 성격의 소년이었다고 말했다. 학교 성적은 중간 정도였고 보통학교 6년 동안 우등상을 받은 적이 한 번도 없었으니 그냥 보통 학생이었을 거라고 스스로 평가했다.

평생의 벗을 만난 어린 시절

황수영은 만월동에 있어서 '만월 학교'라고 불렸던 제일 보통학교(현 초등학교)에 입학했다. 이 학교는 개성 보통학교 중에서는 1907년 1월 '개성 제1 공립보통학교'로 가장 먼저 개교했고 이후 '개성 공립 만월초등학교'로 바뀌었다.

개성은 시내 한복판에 자리한 남대문을 사이에 두고 거주지가 남과 북으로 자연스레 갈린다. 대략 북쪽 지역은 글 읽는 선비들이, 남쪽 지역은 '개성상인'으로 유명한 상인商人들이 많이 모여 살았다고 한다. 그래서 학생들은 급우들끼리도 서로 남대문 북부에서 왔는지 혹은 남부에서 왔는지 따져보곤 했다. 황수영의 집은 개성 남쪽에 자리한 자남산子男山 자락인 관훈동이어서 남부 생도였다. 그래도 평생의 벗이 된 진홍섭秦弘燮(이화여대 교수)과 박민종朴敏鍾(서울대 음대 학장) 등 북부에서 온 생도들과 친했다. 이들뿐만 아니라 다른 좋은 친구 그리고 선후배들을 보통학교에서 많이 만났다. '마지막 송상松商'이라 불린 대한양회 창립자 송암松巖 이회림李會林(1917~2007), '사혼상재士魂商才'*를 신조로 삼았던 신도리코 회장 가헌稼軒 우상기禹相琦(1919~2002) 등이 황수영의 앞뒤 선후배 졸업생들이다.

당시 보통학교 졸업반은 가을 학기가 되면 고등보통학교 진학반을 따로 편성해서 입학시험을 대비하도록 했다. 그런데 황수영은 공부에 소홀했는지 아니면 소통이 잘 안 되어서였는지 여기서 제외되었다. 그러자 아버지가 먼저 놀라서는 일본인 담임 선생님을 찾아가 사정을 해서 겨우 들어갈 수 있었다. 남들보다 늦게 진학 준비를 시작했기에 학교에서 정규수업 외에 과외도 받고, 학교 문을 나서자마자 집에 뛰어가 바로 책상에 앉아 혼자 공부하다가 밤늦게야 잠자리에 들었을 정도로 열중했다. 훗날 황수영은 이런 어린 아들이 혹시라도 건강을 해칠까 봐 근심하시던 어머니 모습을 떠올리기도 했다.

그는 중학 시험을 전체 2등으로 입학했고 이어서 일본 도쿄제국대학교 경제학부에 들어갔다. 무엇보다도 그가 이후

새 학기를 앞두고 친구들과
(사진 윗줄 왼쪽이 진홍섭,
오른쪽이 황수영)

*선비의 정신으로 상인의 재능을
발휘하다.

보여준 학문의 길과 그에 따른 성취로 보면 자신을 '보통 학생'이라고 한 그의 말에는 지나친 겸손함이 묻어나 보인다. 하지만 아주 특출한 극소수 천재 외에는 재능보다는 꾸준한 노력과 정진이야말로 성공의 제일 조건 아닌가? 누구보다도 열심히 공부했고, 교수로서나 행정부서의 장으로서나 맡은 일에 언제나 최선을 다하려 했던 게 그의 성공의 원천이었을 것이다. 그가 일의 경중을 가리지 않고 일마다 쏟아낸 노력과 정진이야말로 황수영이 다른 사람과 달랐던 면모였다.

2.
인문학에 심취했던 청소년 시절, 그리고 일본 유학

경주 수학여행의 감명

해방 전까지 고등보통학교는 오늘날의 중학교와 고등학교 과정이 합쳐진 5년제였다. 황수영은 1931년 경성京城*의 제2 고등보통학교**에 진학했다. 제일 고등보통학교***와 더불어 세칭 '일류 학교'에 석차 두 번째로 높은 우수한 성적으로 입학하였지만, 입학식이 끝나고 기숙사 방을 배정받은 뒤 집으로 돌아가시는 아버지를 보면서 눈시울이 뜨거워지기 시작한 소년은 끝내 눈물을 참지 못하고 방 안에서 혼자 펑펑 울었다.

제2 고등보통학교에서는 3학년부터 수학여행을 갔다. 황수영은 3학년 때 경주, 4학년 때 금강산, 5학년 때는 멀리 만주 여행을 떠났다. 그는 이 중에서 경주에 갔던 여행이 가장 오래도록 인상에 남는다고 말했다. 감수성이 예민할 때이기도 했

*지금의 서울 **현 경복중·고교
***현 경기고

지만 무엇보다 훗날 그가 걸었던 미술사 연구의 길을 걷는 데 많은 영향을 주었기 때문이다. 물론 아직 어렸던 그 당시야 나중에 자신에게 그런 영향을 줄지 전혀 알아차리지 못했었다.

경주 수학여행을 간 건 1933년 봄이었다. 밤기차로 서울을 떠나 새벽녘 대구에 내려 다시 경주로 가는 기차로 바꿔 탔다. 오늘날과 달리 레일 폭이 좁은 협궤열차였는데 속력도 아주 느려 특히 고개를 오를 때면 기어가는 듯했다. 장난기 심한 친구는 뛰어내려 기차와 경주하기도 하였고 그 모습을 본 학생들이 "와~!" 하고 웃기도 했다. 경주에 가서 안동여관*에 짐을 풀었다.

다음 날 인솔하는 선생님을 따라 걸어서 반월성, 첨성대, 안압지, 황룡사지 등을 돌았다. 황룡사지에 막 도착하였을 때였다. 멀리서 학생들을 지켜보던 인근 마을의 아이들이 괭이와 삼태기를 들고 나와서 서성거리는 학생들 앞에서 땅을 파기 시작하는 것이었다. 호기심이 들어 뭐 하는가 하고 자세히 봤더니 그 자리에서 바로 연꽃무늬가 장식된 둥근 막새기와 몇 개를 파내고는 학생들에게 보여주었다. 황수영은 그중에서 좋은 걸 골라 10전을 주고 2점을 샀다. 당시 여관 하루 숙박비가 40~50전 할 때니 학생 용돈으로 적은 돈이 아니었을 텐데 그

*안동여관은 1980년대 초반까지 여전히 그 자리에서 운영되었다.

는 그런 옛날 물건이 너무 좋아 주머니를 턴 것이다. 그는 수학여행에서 돌아와서 이 기와들을 학교 본관 2층에 있던 〈지역교실〉에 제출했다. 물론 자발적이었다. 그로부터 50년 뒤 자신이 황룡사지 발굴에 참여하리라고 생각하지도 못했을 것이다. 졸업 후 모교를 찾을 기회는 없었지만, 훗날 그는 "내가 그때 기증한 황룡사 막새기와 2점은 어떻게 되었을까?"하고 웃으며 옛일을 떠올리곤 했다.

다음 날에는 불국사를 탐방하였다. 불국사역에서 기차를 타고 불국사까지 걸어갔다. 그런데 이때 그는 훗날까지 잊지 못하는 아주 강렬한 인상을 받았다. 바로 청운교青雲橋를 올라가 절 경내에 들어서자마자 다보탑을 봤을 때였다. 다보탑은 3층, 5층, 7층하는 것처럼 층을 세고, 탑의 외형도 아래서부터 기단부, 탑신부, 옥개석, 상륜부 등으로 구분이 가능한 일반적 석탑의 형태와 크게 다른 독특한 모습이다. 그래서 미술사학계에서는 이 탑을 이른바 '이형異形 석탑'으로 분류한다. '이형 석탑'이라고 하면 뭔가 기본에서 벗어난 형태라는 어감이 들지만, 실은 우리나라 모든 석탑 중에서 가장 아름다운 모습이라는 데 많은 사람이 동의한다. 특이한 겉모습도 그렇고, 자세히 들여다보면 석탑의 각 부재가 아주 절묘하게 구성되어 있기도 하다. 15살 소년 황수영의 눈에도 다보탑의 색다른 모습은 한눈에 들어왔다. 그는 이 탑을 보자마자 몸에 짜릿한 전율이 오르는 걸 느꼈다. 이유도 없이 두 손을 쥐고 그 자리에서 껑충껑충 뛰고 싶다는 충동을 겨우 참아냈다. 그의 눈에 다보탑은 사람이 만든 작품이 아니라 어느 조용한 아침에 하늘에서 문득 내려와 그 자리에 선 신비한 존재처럼 생각되었다. 다보탑의 황홀한 모습을 보자마자 고동 소리가 들릴 만큼 심장이 뛰었던 이 경험은 그 뒤로도 오래도록 가슴에 남았다.

그로부터 오십여 년이 지난 뒤, 황수영은 수학여행 때 불국사에서 받았던 이 강렬한 감동이야말로 자신이 미술사를 새로 시작한 바탕이 된 듯했다고 회상했다. 또 자신이 선택한 미술사 공부의 길을 이후로 한 번도 후회하지 않았던건 바로 어렸을 때 꿈꿨던 이상을 그런대로 지니고 왔기 때문이라고도 했다. 물론 고난과 방황이 없었던 적은 없었으나, 어렸을 때 품은 꿈을 끝까지 이어왔던 자신의 '황고집'을 스스로 대견하게 생각한 것이다.

『삼국유사』「만불산」조에 신라시대의 공예 기술을 묘사한 대목이 있다. 경덕왕이 장인에게 명해서 '만불산萬佛山'이라는 공예 작품을 당나라에 보냈다는 이야기다. '만불산'이라

고등보통학교 시절 수학여행 중
경주 불국사 다보탑에서(1933)

는 이름 그대로 한 자쯤 되는 크기에 수많은 산을 새겨 넣고, 그 산의 골짜기마다 절과 집과 사람과 동물과 식물을 정교하게 배치한 입체 작품이다. 그것이 얼마나 흡사하고 정교했던지 당나라 황제는 이를 보고 한숨을 내쉬며, '신라 사람의 솜씨는 하늘의 조화이지 사람의 기교가 아니로구나! 新羅之巧天造 非人巧也'라며 감탄했다고 한다. 황수영은 훗날『삼국유사』의 이 문장을 거론하면서, '비록 그 옛날 만불산은 남아 있지 않지만, 다보탑을 보면 신라의 예술이 얼마나 뛰어났는지 충분히 증명될 수 있을 것'이라고 하며 우리나라 공예 예술의 우수함에 대해 말했다.

철학·역사·문학을 탐독하던 학창 시절

홀로 서울에 와 기숙사에서 지내야 했지만, 그는 외로움을 빨리 떨쳐내고 학교에 적응하려고 애썼다. 그는 이때 대학 진학 계획을 세웠고, 이왕이면 일본에 유학해서 선진 학문을 배워봐야겠다고 꿈을 키웠다. 그러기 위해서는 먼저 일본 고등학교에 입학해야 했는데, 문제는 시험이었다. 2등으로 입학했으니 자신감도 좀 있어서 4학년 때 명문 도쿄고등학교에 응시했으나 떨어지고 말았다. 그는 자신의 실력이 부족했음을 깨닫고 좀 더 매진했다. 그리고 1936년 졸업반 때는 '제1'이니 '제2'이니 하며 숫자가 붙은 학교보다는 좀 안전한 데로 지원해야 하겠다고 생각했다.

시코쿠四國 북서쪽에 자리한 에히메현愛媛縣의 마쓰야마松山 고등학교는 도쿄에서 거리가 좀 떨어져 있기는 해도 중학교 선배가 여러 명 진학해 있어서 입학 원서를 냈다. 그런데 이 학교도 조선인은 매년 1~2명만 입학시키곤 했기에 경쟁이 만만치 않았다. 황수영은 공부로는 일본인 학생들이 신경 쓰이지 않았으나 그 해 30명이나 되었던 조선인 지원자가 더 두려웠다. 그래서 마음을 꽤 졸이며 응시했는데 다행히 단박에 합격하였다. 덕분에 마음에 여유가 생겨 입학 첫해에는 유도부에 들어가 운동도 하고 평소 좋아하던 독서도 맘껏 할 수 있었다.

그는 독서 계획을 세우면서 우리 역사와 문화부터 좀 더 알아야 하겠다고 정하고는 '조선 문학 1만 페이지 독파'를 목표로 하였다. 그리고는 장르를 가리지 않고 손에 잡히는 대로 문학 작품을 탐독했다. 또 전부터 관심이 많았던 역사도 공부하기 시작했다. 육당六堂 최남선崔南善(1890~1957)의 『조선역사』와 조선 지리 관련 책들은 메모까지 하면서 꼼꼼하게 보았고,

일본 마쓰야마 고등학교 시절
급우들과 함께

당대 최고의 지식인 중 한 명이자 국학자인 호암湖巖 문일평文一平(1888~1936)의 『조선사화집朝鮮史話集』과 『호암 문집』도 열심히 읽었다. 그밖에 혜초慧超와 대각국사 의천義天 그리고 율곡 이이李珥의 전기도 그의 독서 목록에 올라 있었다. 말하자면 인문학 공부를 충실히 하였던 셈이다. 황수영은 해방 직후 박물관에 근무하면서 개성에 남아 있는 고려의 명찰 흥왕사 터를 조사하고, 고려 초기 불교 교학을 주도한 의천의 표준 영정影幀 제작을 정부에 건의하거나, 1970년대에 인도를 여행할 때 품속에 신라의 대여행가 혜초가 지은 『왕오천축국전』을 항상 지니고 다녔던 것도 바로 이런 학창 시절의 독서와 연관이 있었던 모양이라고 회고하기도 했다.

이 무렵 그는 서양사에 큰 흥미를 느꼈다. 그래서 희랍어와 라틴어 입문서도 읽고, 플라톤을 비롯해 여러 그리스 철학자의 책도 읽었다. 특히 플라톤의 『변명』에 깊이 감동해 그의 생애를 머릿속에 그려 보며 몇 번이고 읽었다. '문·사·철文史哲'이라고 하듯이 철학과 역사 그리고 문학 모두, 하나가 재밌으면 다른 것도 자연스럽게 즐겁게 공부하게 된다. 그 역시 그리스 철학과 신화에 깊이 빠져서 시간 가는 줄 모른 채 『일리아드』와 『오디세이』를 밤새 읽었다. 그리고는 그리스 역사를 공부하기 위해 서양사를 전공하리라고 몇 번이고 다짐하였다. 당시 일본 대학 대부분 문학부, 곧 문과 분야는 시험 없이 입학이 허용되던 시절이었다. 그래서 그는 입시 준비를 따로 할 필요가 없이 학과 수업을 마치면 좋아하는 책을 실컷 읽고 사색하는 시간도 넉넉하게 가질 수 있어 더욱 행복했다. 알베르트 아인슈타인이 17세 때 "나는 평생 술 대신 인문학에 취하겠다."라고 스스로에게 다짐한 것과도 같았다.

하지만 뜻하지 않게 이런 일상과 계획을 바꿀 수밖에 없었다. 대학 진학은 아버지와 뜻이 같았지만, 전공 분야에서 생각이 달랐기 때문이다. 아버지는 아들이 '고문高文'에 응시할 수 있는 법학부에 진학하기를 강력히 희망했다. 고문이란 행정, 외교, 사법(판사·검사) 3분야에서 고급 관료를 뽑는 시험인 '일본 문관 고등시험'을 줄인 말로 오늘날 고시와 비슷한 제도이다. 고문에 합격하면 고위 공직자가 될 수 있었기에 식민지 조선인으로서 가장 선망하던 위치이기도 했다. 황수영은 육법전서 공부는 생각도 해보지 않았고 문학부에 가고싶어했으나 아버지도 완강하게 뜻을 굽히지 않았다. 그래서 결국 절충안으로 나온 게 도쿄제국대학교 경제학부 진학이었다.

수재들의 요람 도쿄제국대학교

도쿄제국대학교는 당시 일본 내 전국 수재들이 모인 학교로 이 대학만 나오면 출세는 보장되었다고 할 수 있다. 당연히 입학하기 위해 아주 치열한 경쟁을 해야 하는데, 이는 도쿄대학교로 바뀐 요즘도 마찬가지다. 황수영은 이 대학 경제학부에 입학했다.

경제학은 당시 최첨단 학문 분야라서 경제학과는 경성제국대학(현 서울대학교)에도 설치되지 않았을 때였다. 경제학은 근대적 국가가 발전하는데 매우 중요한 역할을 하는 학문이다. 경제학에 기초하여 민족 기업이 생겨나고 성장하는 것을 막으려 했던 일제는 조선인에 대한 상업교육 자체를 제한하고 있었다. 그래서 경제학을 배울 기회를 막고, 그보다는 기능적 성격이 강한 상학商學을 중점적으로 교육하였다. 또 어느 정도 상업 교육을 받은 조선인이더라도 민족주의 진영 기업이 아니라 일본계 민간 은행이나 대기업, 관공서로 취업하도록 유도하는 등 일제는 조선의 경제가 발전할 수 없도록 관리하였다. 황수영이 일본 최고 대학에서 경제학을 전공한 것은 그런 시대 상황을 볼 때 대단히 의미 있는 일을 한 셈이다. 젊은 나이에 홀로 낯선 타국에서 생활하며 공부했기에 여러모로 힘든 나날을 보내야 했겠지만 타고난 재능에 근면함과 성실성을 더해 쉼 없이 노력하여 어려움을 이겨낸 것이다.

  도쿄제국대학교는 1877년 개교 이래 1945년 8월 해방 때까지 조선인 유학생은 163명뿐이었다. 매년 1~2명 정도 입학하였는데, 1933년 황수영이 입학할 때는 10명 정도였다고 한다. 다만 경제학부에는 조선인은 황수영과 대구에서 온 장병찬 두 사람 뿐이었다. 장병찬은 졸업 후 조선식산은행*과 조선비행기공업 주식회사에서 근무했고 해방 후 '대동공업', '방어진 철공 조선' 사장을 거쳐 일본 '도시바'사의 한국 공장인 '이천전기'를 인수해 운영하며 우리나라 기계공업 발전에 이바지한 실업가이다. 그런데 황수영과는 생년월일까지 같아 신기한 인연이라고 서로 놀라며 친해졌다. 또 나중에 대법관을 지낸 법학부의 최윤모崔潤模(1916~1994)와도 가까이 지냈다.

  점심시간에 도서관 앞 분수대 잔디밭에서 조선인 학생들이 모여 서로 소식을 나누기도 했는데 고려대 총장·문교부 장관·국무총리 등을 지낸 김상협金相浹(1920~1995), 서울대 교수·감사원장·국무총리 서리를 지낸 이한기李漢基(1917~1995), 내무부와 법무부 장관을 지낸 이호李浩(1914~1997), 서울대와 이화여대 교수·경남도지사·국토통일

*산업은행 전신

원 장관을 지낸 신도성愼道晟(1918~1999), 서울지방법원 판사를 지내다 변호사가 된 염세열廉世烈(1917~1950) 그리고 장병찬 등이 자주 모이곤 했다. 모두 고국에 돌아와 관계나 법조계에서 높은 자리에 올랐던 쟁쟁한 인물들이다.

평소 황수영은 문화재 등이 화제일 때는 말을 아끼지 않았으나, 그 외에 세상일이나 개인적 일화 같은 얘기는 여간해서 입에 올리지 않는 성격이었다. 쟁쟁한 동문을 두고 있으니 그 인연을 자랑삼아 얘기도 하는 게 인지상정일 텐데 그는 그런 적이 없었다. 동료나 후배, 학생들과는 오로지 공부에 관한 이야기만 할 뿐 자신의 학벌이 어떠하다고 얘기하는 걸 들어본 사람이 없었다.

하숙은 대학 정문 가까이에서 구하고 4년을 내내 학교와 도서관, 하숙집을 오가며 보냈다. 아침에 일어나면 9시 전에 중앙도서관 내 열람실에 자리를 잡고, 강의가 끝나면 다시 도서관에서 밤 9시까지 공부하다가 하숙집으로 돌아가는 일상을 유지했다. 어떻게 보면 단조로운 생활이었지만, 그는 이렇게 여유 있게 다닐 수 있게 된 걸 오히려 좋아했다.

전공 수업은 야나이 하라다다오矢內原忠雄를 비롯해 소장 학자로 이름을 알리기 시작하던 오쓰카 히사오大塚久雄

의 경제학 원론과 오코우치 가즈오大河內一男의 서양 경제사 강의를 열심히 들었고, 일본경제사의 권위자 쓰치야 다카오土屋喬雄의 세미나에 참여해 '조선 고대 경제사 서론'을 리포트로 제출하는 등 열심히 공부했다. 한편으론 고교 시절부터 하고 싶어 했던 서양사에 여전히 미련이 남아 따로 도호쿠대東北大 오루이 노부루大類伸 교수의 『서양사 신강』을 노트해 가면서 심취해 읽기도 했다.

　　　대학 재학 중에도 여름과 겨울 방학이면 어김없이 고향에 돌아왔다. 왕복하는 여정에 서울 덕수궁미술관, 경복궁 총독부박물관은 물론이고, 길을 돌아 부여와 경주의 고적을 일부러 찾아가기도 했다. 고향에 와서는 개성박물관에 가서 한나절 보내는 게 일과였고, 뒤에서 얘기할 스승 고유섭과 함께 송악산과 좀 더 위쪽에 있는 천마산의 절터를 비롯해 여러 고려 유적을 찾곤 하였다. 언제인가는 고유섭이 고향 유지들을 데리고 경주 가는 길에도 동행했다. 이때 경주박물관에 근무하던 최순봉崔順鳳과 최남주崔南柱(1905~1980)의 안내를 받아 석굴암도 탐방했다. 최순봉은 해방 직후 경주박물관장이 되었고, 최남주는 경주 고적에 누구보다 환한 데다가 또 일제의 훼손을 막아내기도 했던 자타가 공인한 경주 지킴이였다.

도쿄제국대학교 졸업을 기념하며.
사진 맨 뒷줄 왼쪽 첫 번째(1941)

황수영이 중고교 시절부터 대학까지 집을 떠나 외지에서 공부할 수 있었던 데는 어려움을 이겨내고 끊임없이 자신을 단련한 노력이 있었기에 가능했겠으나, 집안의 후원이 없었다면 힘들었을 것이다. 할아버지는 단 한 번도 거르지 않고 제때 학비를 보내주었고, 아버지도 아들이 공부하는데 격려를 해주곤 했다. 덕분에 6년 남짓한 일본 생활 동안 학교와 하숙을 오가며 맘껏 공부할 수 있었다. 큰 걱정 없이 학창 시절을 공부에 전념할 수 있었던 건 큰 행운이었다.

이와나미 출판사 편집장

최종 학년에 올라간 1941년, 태평양전쟁으로 인해 대학 학기가 3개월 단축되어 황수영은 그해 12월에 졸업하였다. 당시는 일본의 제국주의가 극도로 팽창하여 동아시아 패권을 놓고 러시아와 중국과 잇달아 격돌하느라 동아시아에 전쟁의 포성이 그치지 않던 전시였다. 일본의 미국 하와이 진주만 공습도 그해 12월에 일어났다. 또 세계적으로 보더라도 그 2년 전 제2차 세계대전이 발발하며 전쟁의 소용돌이 속에 혼란하기 짝이 없던 시절이었다.

졸업이 임박한 그는 갈등과 고민에 빠졌다. 전시의 젊은 이는 입대하여 전선에 서거나, 전쟁을 피해 숨거나, 아니면 사회적으로 필요한 시설에 취직해 징집을 면하는 길밖에 없었다. 이제 막 대학을 졸업하고 사회에 첫발을 내딛은 황수영도 이 갈림길에 서서 어떤 길을 걸을지 선택해야만 하였다. 경제학부 동기생들은 대부분 전공에 맞게 회사나 은행으로 갔다. 그렇지만 그는 적성에 안 맞는 길보다는 내가 좋아하는 일을 해야겠다고 마음먹었다.

그렇게 해서 정한 곳이 '이와나미岩波 서점'이었다. 여기에서 출판 일을 배워보고 싶었다. 사원 공지가 난 건 아니었기에 입사 주선과 추천을 지도교수였던 쓰치야 교수에게 부탁했다. 쓰치야 교수는 부탁을 듣고 놀라며 "잘 생각한 게 맞느냐"고 몇 번이나 되물어보았다. 경제학도가 출판사를 택한게 믿기지 않은 것이다. 추천서를 들고 이와나미 다케오岩波武雄 사장을 만나니 좋은 인재가 왔다며 반갑게 맞아주었다.

이와나미 서점은 자타가 공인하는 일본 최대 학술출판사였다. 1927년부터 세계 고전 명작을 문고본*으로 만든 '이와나미 문고', 그리고 1938년부터는 국내외 유명 계몽사상을 소개한 '이와나미 신서' 등을 출판함으로써 대중의 교양과 지성 함양에 큰 역할을 한 출판사였다. 당시 출판사는 지성의 산실

*들고 다니며 읽기 수월한 손바닥 크기 정도의 작은 책자

로 인식되었고 실제로 상당한 수준의 지식인들이 출판사에 근무하였다. 황수영은 인문학적 분위기가 충만한 이와나미 출판사에 근무하면서 이국에서의 외로움과 전쟁의 공포가 교차하는 황량한 나날을 견딜 수 있었다. 1941년부터 3년 남짓 근무하며 능력을 인정받아 편집장까지 되었다.

이와나미문고 시설

그사이 보통학교 친구인 박민종의 여동생 박흥경朴興慶과 결혼, 첫아이도 얻으며 단란한 가정을 이루었으나, 정작 주변은 전쟁의 혼돈 속에서 헤어나지 못하고 있었다. 1943년부터는 세계대전에 뛰어든 일본의 패색이 짙어지기 시작했고, 연합군의 일본 본토 공습설도 파다하게 퍼지기 시작했다. 공습이 되면 도쿄가 표적이 될 것이 뻔해 시민들은 공포에 떨었다. 언제 시가지에 포탄이 떨어질 줄 모르는 위험한 때에 가족을 둘 수 없어서 그는 잠시 휴가를 내고 가족을 고향에 데려다주고 돌아왔다. 그런데 돌아와 보니 그사이 상황은 더욱 악화했다. 당시 일본 정부는 이른바 평화산업 직종의 사람에게는 징

용과 징병을 면제해주었으나 전황이 위급해지자 그런 정책도 폐기되고, 경찰이 그를 찾기 위해 출판사에도 왔다는 소식을 들은 것이다. 계속 있으면 징병을 피할 수 없을 것 같았다. 며칠 동안 고심한 끝에 자신도 귀국해야겠다고 결심하고 이와나미 사장 집으로 찾아가 말했다. 이와나미는 고개를 끄덕이며 사임을 흔쾌히 받아들여 주면서 "나는 회사가 있는 도쿄를 떠날 수 없으나 당신의 생각은 충분히 이해하며, 또 조선의 독립도 바란다."고 덕담도 건넸다. 1944년 이른 봄, 황수영은 설렘과 두려움이 교차하는 마음을 누르며 조선으로 향하는 배에 올랐다.

3장

스승과 제자

1.
인생의 스승 고유섭

개성박물관과 고유섭

고유섭은 한국 미술사를 최초로 연구한 학자로 130편에 이르는 논문을 통하여 그때까지 일본인 학자들의 전유물처럼 인식되었던 우리나라 미술사 연구에 커다란 발자취를 남겼다. 뿐만 아니라 개성의 준재들인 황수영과 진홍섭이 우리나라 대표적 미술사학자로 성장하는데 학문적으로 큰 영향을 미쳤던 것도 업적 중 하나로 꼽힌다.

    1920년대 경성제국대학에 '미학 및 미술사'라는 전공이 생겼는데 그 첫 한국인 입학자가 고유섭이었다. 고유섭은 비록 미술사 이론은 일본인 교수와 교재로 배웠지만, 일본인이 주도했던 한국 미술사 연구를 우리의 시선으로 바라보고 그에 걸맞은 방법을 정립하고자 했다. 그 결과 한국적 미술의 특성을

**개국사 석등이 보이는
개성박물관에서 고유섭(1939)**

찾아내는 성과를 이루어 내었기에 오늘날 그를 한국 미술사 연구의 첫걸음을 내딛은 이로 꼽는데 아무런 이견이 없다.

　　황수영이 지닌 학문의 씨앗은 고유섭을 만남으로써 비로소 싹텄다고 할 수 있다. 이후 고유섭에서 황수영으로 이어지는 두 세대 동안 우리나라 사람에 의한 미술사 연구가 자리 잡아 꽃을 피웠고, 지금 화려하게 개화하는 중이다. 그런 뜻에서 우리나라에 미술사가 어떻게 시작했는지는 고유섭을 통해서 보아야 한다.

　　개성박물관은 우리나라 고고학·미술사학의 발자취를 되돌아 볼 때 특별한 의미가 있는 곳이므로 약간 설명할 덧붙일 필요가 있다. 개성박물관의 성격을 이해하기 위해서는 먼저 '개성상인'이라고 일컫는 송상松商에 대해 알아봐야 한다. 개성은 예로부터 인삼의 산지로도 유명해 중국 등 해외 수출의 전진기지 역할을 하였다. 그래서 조선을 거쳐 근대에 이르기까지 이 지역에는 부유한 상인이 많이 살았고 상권도 상당히 발달하였다. 중국의 화상華商이 특유의 단합과 상술로 세계 곳곳의 상권을 유지한다고 하는데, 사실 개성상인도 그에 못잖은 편이다. 이들은 신용과 정성을 바탕으로 그들 특유의 상업적 수완을 발휘해 우리나라의 중심 상권을 일궈냈다. 그들은 단순히 자신들의 부를 축적하는데만 몰두한 건 아니었다. 일제강점기에 이 땅을 휩쓸던 일본인 자산가에 맞서 조선 사람 중심의 경제 활동을 펴나가 민족 자본을 지켜나가기도 하였다.

  1930년 개성박물관 개관 당시는 일제강점기라 모든 기관의 책임자는 원칙적으로 일본인이 맡는 상황이었다. 관공서는 물론이고 은행이나 학교도 예외 없이 최고 자리는 일본인만 임명되었다. 박물관만 하더라도, 그 이전에 개관한 서울 총독부박물관(현 국립중앙박물관)이나 경주박물관 모두 일본인이 내내 관장으로 임명되었다. 부립府立*으로 새로 생기게 된 개성박물관 역시 처음에는 일본인 관장이 맡았다. 그런데 개성은 고려에 대한 자긍심이 대단한데다가 유대감이 강한 개성상인이 독점적 상권을 형성하고 있었기 때문에 민족주의가 다른 지역보다 잘 유지되었던 곳이다. 그래서 상인들이 주축이 되어 개성박물관 관장을 조선 사람이 맡아야 한다고 적극적으로 요청하기 시작했다. 그간 이들의 절대적 후원에 의해 박물관이 운영되고 있던 터라 개성부에서도 결국 어쩌지 못하고 조선 사람으로 새 관장을 찾을 수밖에 없었다. 그리고 '오직 하나뿐인 전문 학자'로 일컬어지는 유일한 한국인 미술사학자 고유섭이 1933년 3월에 부임하게 된다. 고유섭은 1919년 3.1독립운동 당

*오늘날 도립

시 겨우 14살의 어린 나이였지만 태극기를 만들어 동네 친구들에게 나눠주며 집이 있던 중구 용동 일대에서 만세를 불렀고, 이 일로 체포돼 경찰서에서 3일 동안 붙잡혀 있기도 했다. 그런 그가 개성박물관 관장으로 부임할 수 있었던 건 민족의식이 유난히 강했던 개성이기에 가능한 일이었고, 특히 경제로 민족의 정체성을 지켜왔던 개성상인의 역할이 컸다고 봐야 한다. 이렇듯 개성상인의 아들 황수영이 평생의 은사인 고유섭을 개성에서 만난 건 예사 인연이 아니었다.

스승과 함께 간 개성 고적 답사

황수영은 훗날 평생의 은사가 된 고유섭을 개성박물관에서 처음 만났다. 경성 제2 고등보통학교에 다니던 황수영은 1938년 여름에도 어김없이 방학을 보내기 위해 고향을 찾았다. 오랜만에 집에 와 외국에서 하숙을 하며 공부에 전념하느라 지친 몸과 마음을 쉬던 어느 날, 예전부터 '이번 방학에는 꼭 만나봐야지' 하던 계획을 실행에 옮겼다. 바로 개성박물관 관장을 찾아가겠다는 생각이었다. 1930년 고향에 박물관이 처음 문을 연 뒤로 몇 번 가보았고, 5년 전 새로운 관장이 부임했다는 소식도 들었다. 그런데 일본인이 아니라 조선인이 왔다는 얘기에 누구일까 궁금해서 머릿속에 어떤 사람일지 그려 보기도 했었다. 1938년의 무더운 어느 여름날, 황수영은 개성박물관 관장실의 문을 두드렸다. 인사를 마치자마자 황수영이 당돌하게 먼저 물었다.

"고려청자는 천하의 명기名器로 이름이 높았는데 어찌해서 하루아침에 사라지게 되었습니까? 장인匠人이 비법을 전수하지 않은 게 그 까닭입니까?"

고개를 끄덕이며 끝까지 듣고 난 고유섭이 빙그레 웃으며 답했다.

"고려청자가 사라진 건 자네가 물은 대로 사람과 사람 사이 전해지던 비법이 이어지지 않아 없어졌다고 볼 게 아닐세. 분청사기로 새롭게 발전했기 때문이라고 봐야 할 것이네. 하나의 미술 형태는 그 당시만 볼 것이 아니라 역사와 사회가 변해가는 전체 과정에서 바라볼 때에 비로소 올바르게 이해되는 것이지."

고려청자의 비색을 개발한 도공이 제조 비법을 혼자만 알고 제자에게도 잘 알려주지 않았기에 더 이어지지 못하고 끊겼다는 말은 속설에 지나지 않는다는 얘기였다. 그의 말마따나, 고려 때 유행한 청자가 조선에 들어서서 문득 사라진 게 아니었다. 조선 사회가 청자보다는 백자나 분청사기를 더 선호했기에 자연스럽게 자취를 감추게 된 게 역사적 진실이다. 도공이 제조 비법을 혼자만 알고 숨겨 고려청자의 명맥이 끊어졌다는 말은 자학적으로 지어낸 말에 불과하다. 고유섭은 이를 정확히 지적하며, 젊은 학생이 우리 역사에 편견을 갖지 않도록 조곤조곤 잘 설명해준 것이다.

황수영은 고유섭의 명쾌한 설명을 듣고 그 깊은 지식, 그리고 자신을 격의 없이 대해주는 담백한 성격이 좋았다. 이후 고유섭을 찾아가는 횟수가 점점 늘었고, 우리 역사와 미술에 관한 얘기를 자주 청해서 듣곤 했다. 둘의 사제관계는 이렇게 자연스럽게 맺어졌다. 고유섭은 황수영이 돌아오는 방학을 기다렸다가 네 닷새쯤 일정을 만들어 함께 개성의 고적을 본격 답사하는 데 동행하게 해주었다. 황수영은 특히 개성 주변의 고려 명찰들인 현화사玄化寺와 영통사靈通寺 그리고 오룡사五龍寺의 비석을 탁본해 온 일이 특히 기억에 오래 남는다고 했

개성 현화사비에서 우현과
함께(1940). 사진 왼쪽이 고유섭,
오른쪽에서 두 번째가 황수영.

다. 탁본이란 돌이나 금속에 새겨진 글씨나 무늬 위에 종이를 덧댄 다음 먹물을 입혀 찍어내는 일을 말한다. 황수영은 농가에 가서 사다리를 빌려와서 선생이 올라가 탁본을 치는 동안 붙잡아 주기도 하고, 옆에서 먹도 갈아드리며 일을 도왔다. 사다리에 올라가 능숙한 솜씨로 비석을 탁본하는 선생을 올려다 보다가 까만 먹 안으로 글씨며 봉황새 같은 장식 무늬가 보이기 시작하면 신기하기도 하고 흥분되기도 했다. 또 얼마 뒤 근사하게 표구된 탁본들이 박물관 진열실에 걸렸을 때는 자랑스러운 마음이 들었다고 한다. 그는 이때의 경험으로 금석문金石文*에 대해 깊은 관심을 가지게 되었다. 금석문에는 옛날 책에 전하지 않는 역사가 담겨서 가치가 여간 큰 게 아니다. 그런데 역사 책은 여러 권 인쇄할 수 있어 많은 사람이 읽을 수 있는 데 비해서 금석문은 그 자리에 가야만 볼 수 있는 게 아쉬웠다. 그래서 이 금석문을 모아서 책으로 내야겠다고 생각했고 이는 훗날 고대에서 조선에 이르기까지 각종 금석문을 담은 『금석유문金石遺文』 간행으로 이어졌다.

    어느 해 방학에는 예성강을 건너 견불사見佛寺까지 삼층석탑을 보러 갔다. 돌아오는 길에 고려 공민왕의 능을 찾았을 때 황수영이 스승에게 물었다.

*비석이나 금속에 새겨진 글

"저 왕릉 앞에는 지금 뭐가 들어 있을까요?"
그러자 선문답 같은 대답이 돌아왔다.

"해골만 있을 뿐이지 달리 또 뭐가 있겠나?"

황수영이 일본에 있을 때 고유섭이 찾아온 적도 두 번 있었다. 첫번 째는 1940년 일본 정부가 개최한 '기원 2600년 기념 정창원正倉院 보물 전시회' 때였다. 정창원은 일본 역대 왕실의 유물 창고인데 이 행사를 위해 소장된 유물 중에서 특별히 뛰어난 것만 엄선해 도쿄 우에노 공원 안에 있는 박물관에서 전시한 것이다. 정창원은 1년에 한 번만 소장 유물 중 일부를 공개하곤 했는데, 이때는 대규모로 출품되어 학계에서 큰 화제였다. 고유섭도 이를 보려고 일부러 온 것이다. 황수영은 선생을 모시고 아침 일찍 찾아가 전시를 둘러보았다. 그때 천 년이 넘은 유물들이 새것처럼 잘 보존되어 있다는 데 놀라고, 우리나라에서 건너간 작품도 상당수 있으나 전래한 유래나 기록이 남아 있지 않아 일본 작품으로 알고 있는 경우도 많다는 고유섭의 설명에 한 번 더 놀랐다. 이 유물들을 둘러보면서 우리 삼국시대 작품을 가려내야 하는 작업이 필요하겠다고 생각했다. 이후 황수영과 많은 한국인 연구자들이 정창원 유물 중 한국 작품임을 밝혀낸 사례가 많은데, 지금은 이런 견해에 공감하는 일본인 학자들도 많아졌다. 황수영은 고유섭과 함께 한 관람이 오래도록 인상 깊게 남아, 해방 후에도 매년 가을 정창원 유물 전시회가 열릴 때면 어김없이 찾아가 보곤 하였다.

두번 째는 1943년 고유섭이 학술논문을 발표하러 도쿄에 왔을 때였다. 6월 일본 제학諸學 진흥위원회, 오늘날 말하면 서로 인접한 분야의 연구자들이 모여 서로 관심이 있는 주제를 다루는 학제 간 연구 학회가 주최하는 세미나에 참석한 것이다. 고유섭은 여기서 「조선 탑파의 양식 변천」을 발표했다. 우리나라 석탑을 양식별로 분류해 각 작품의 제작 시기를 구분하고, 나아가 시대마다 다르게 나타났던 특징을 미술사 이론을 적용해 분석한 내용이었다. 이 발표에 대해 일본 학자들은 상당히 놀랍다는 반응을 보였다. 조선인 미술사학자가 있는지조차 잘 몰랐던 터에 그의 수준 높은 발표에 놀라고 감탄한 것이다. 고유섭이 발표한 이 논문은 훗날 황수영이 『한국 탑파의 연구』라는 이름으로 출판하였다.

그 스승에 그 제자, 개성 삼걸三傑

개성에는 연인 사이였던 서경덕과 황진이 그리고 그들의 데이트 장소였던 박연폭포를 일컬어 '송도 삼절三絶'이라고 칭하는 말이 있다. 그런데 이 말에 빗대어 미술사학계에는 '개성 삼걸三傑'이라는 말이 있다. 고유섭과 그의 수제자인 황수영, 진홍섭秦弘燮(1918~2010)을 지칭하는 표현이다. 고유섭은 인천이 고향이지만 개성박물관에서 근무하며 학문을 꽃피웠고, 무엇보다 개성 출신의 두 인재를 훌륭한 미술사학자로 키워냈다. 황수영과 진홍섭은 고유섭의 영향을 받아 미술사 연구의 길을 걸었고, 두 사람 모두 교육자로서 또 학자로서 뛰어난 업적을 거두어 우리 미술사학계의 수준을 높였다는 평가를 받는다. 이 세 명의 사제들은 일제강점기를 거쳐 1950~1960년대의 척박한 학계에 독보적인 연구와 활동을 하였고, 또 숱한 후학을 양성함으로써 우리나라 미술사 연구사뿐만 아니라 현대 지성사에서도 기념비적 자취를 남긴 인물들이다.

　　나중에 개성박물관 관장, 이화여대 교수를 지낸 수묵樹墨 진홍섭은 황수영과 동갑의 죽마고우로 보통학교 6년을 함께 다녔다. 황수영이 그를 '북부 생도'라고 묘사한 것처럼, 선비나 교육자, 관료들이 많이 살았던 남대문 북쪽이 집이었다. 개성박물관을 자주 찾아 고유섭의 가르침을 받았으며, 방학 때 집에 온 황수영과 함께 선생을 모시고 근교 유적 답사도 자주 다녀오기도 했다. 황수영은 1947년부터 서울 국립박물관에 다니게 되면서 개성을 떠났으나 그는 고향에 남아 미술사 연구를 이어갔다. 해방 후 개성박물관이 국립박물관 개성 분관이 되자 분관장을 맡아 스승의 직을 이어받았다. 6.25전쟁이 일어나자 남으로 내려왔고, 이후 국립박물관 경주분관장, 문화재관리국 문화재관리과장, 이화여자대학교 미술사학과 교수를 지냈다.

    2015년 미술사학계 관계자들이 힘을 모아 경주 해변 문무대왕릉이 바라보이는 자리에 고유섭과 황수영·진홍섭 사제를 기리는 '삼걸비'를 세웠는데 비문 큰 글자가 '그 스승 그 제자'였다.

2.
스승의 영정 앞에서
다짐한 약속

스승 고유섭과의 영원한 이별

황수영은 2차 세계대전의 전운이 최고조에 이르던 1944년 이와나미 출판사를 나와 고향으로 돌아갔다. 아주 어수선한 전시에, 또 30년 넘게 식민지로 피폐해진 고국으로 돌아오게 되어 착잡한 심정이었을 듯하다. 그러면서도 황수영은 오랜만에 고향에 돌아왔고 또 거의 매일 개성박물관에 가볼 수 있게 된 걸 다행으로 여기기는 했다.

그런데 고유섭과 황수영 사제는 뜻하지 않게 영원한 이별을 맞이해야 했다. 이 무렵 고유섭이 병을 심각하게 앓고 있었다. 시작은 작은 피로감이었는데 전시라 제때 치료받지 못하고 좋은 약도 구하지 못해 점차 나빠지고 있었다. 황수영이 도쿄에 있을 때 몇 번인가 약을 급히 구해 보내주기도 했는데, 시간이 갈수록 병세는 악화하고 있었다. 황수영이 도쿄에서 돌아와 고향에 정착할 무렵, 고유섭의 건강은 이미 손을 쓸 수 없이 나빠져 있었다. 하지만 그런 건강 상태를 자세하게 말하지 않아서, 황수영은 그저 아직도 선생의 몸이 많이 안 좋으신가 보다라고만 생각했을 뿐이었다.

황수영은 1944년 6월 6일 아침을 오래도록 잊지 못했다. 아침 10시쯤 여느 때처럼 자남산 중턱에 자리한 개성박물관을 찾았다. 사무실에 들어가니 고유섭은 책상에 앉아 글을 쓰고 있었다. 인사를 드리니 고유섭이 펜을 내려놓고는 말했다.

"좁은 사무실은 좀 답답하니 바깥에 나가서 얘기하세."

함께 의자를 들고 나와 처마가 드리운 출입문 그늘에 자리를 잡고 마당을 바라보며 비스듬히 마주 앉았다. 마당에는 햇살이 환하게 잘 들었고 자남산에서 내려오는 공기도 시원하고 맑았다. 어디선가 불어오는 라일락 향기가 기분 좋게 코끝에 스며왔다. 이야기가 오고 간 지 10분이나 되었을까, 고유섭이 잠깐 내실에 다녀오겠다고 하면서 일어나 들어갔다. 황수영은 혼자서 한참을 기다렸으나 선생은 다시 나올 기색이 없었다. 무슨 일인지 궁금해하고 있는데 내실에서 사람이 나와 "오늘은 더 만나기가 어려우니, 미안하지만 그냥 돌아가세요."라고 말했다. 잠시 머뭇거리다 할 수 없어 박물관을 나서는데 시내 남대문 부근에서 병원을 운영하던 고유섭의 주치의 박병호가 황급히 올라오는 모습이 보였다. 그가 갑자기 뛰어 올라올 정도면 매우 심각한 상황인가 걱정하면서 집으로 돌아왔다. 나중에 들으니 선생은 오전에 그와 얘기하던 중 갑자기 내실에 들어가 피를 많이 토하고는 의사로부터 절대로 안정하라는 주의를 들었다고 한다.

이후 병세는 악화했다가 조금 나아지기를 반복했다. 그는 문병 온 황수영에게 평소 안 하던 얘기도 했다. "어서 나아서 자리에서 일어나야지!", "얼마 안 가 우리나라도 독립할 거야. 그러면 이제 새로운 세상이 열릴 테니, 나도 살아서 그런 모습을 봐야겠지?" 하며 회복하겠다는 강한 의지도 보였고, 또 "자네와는 부자父子처럼 혹은 형제처럼 생각했네." 하는 다정한 얘기를 하거나, "사람은 모름지기 크게 살아야 해!"라는 격려의 말씀도 해주었다. 하지만 그의 병은 이미 손을 써 볼만한 상황이 아니었다.

그로부터 3주쯤 지난 26일, 오후 4시가 조금 지났을 때 부인과 2남 4녀의 가족을 남긴 채 그는 영원히 눈을 감았다. 부인 이점옥李点玉과 황수영 오직 두 사람만이 임종의 순간을 지켜보았고, 특별한 유언이나 마지막 말씀은 없이 길게 한 번 숨을 들이쉬고 내뱉더니 겨우 39세의 젊은 나이에 돌아가셨다. 개성박물관에 관장으로 부임한 지 11년 3개월 만이었다. 주치의로서 마지막 순간까지 치료하였던 박병호 말에 따르면 고유섭의 병은 간경변이었다.

　　장례는 간소하게 치렀고, 화장 후 개풍군 청교면 수철동에 묘지를 정했다. 유고遺稿는 전부 황수영이 맡았고, 소유하고 있던 책들은 개성 시내 중경문고中京文庫로 옮겼다. 중경문고는 개성의 부호 김정호金正浩가 1940년에 세운, 총독부 도서관에 이어 전국에서 두 번째로 세워진 공공도서관이다. 이 장서는 얼마 뒤 유족이 인천으로 이사하면서 함께 인천으로 옮겨졌다가 나중에 아쉽게도 다 흩어져버렸다. 그런데 6.25 전쟁 후 황수영이 인천의 고서점을 우연히 들렀다가 고유섭의 장서 일부를 발견하기도 했다. 그중 후카다 고산深田康算의 『미학전집』 3권은 그 뒤 오래도록 황수영이 서재에 잘 보관하고 있었다. 또 동국대 이동림李東林 교수가 미국에 건너가면서 자신이 고서점에서 구해 간직해왔던 고유섭 소장의 광문회 본 『삼국사기』·『삼국유사』 합본 한 권을 황수영에게 건네주기도 했다. 이 책은 고유섭이 평소에 늘 곁에 두고 보던 이른바 수택

본手澤本이어서 황수영은 아주 고맙고 반가웠다. 그는 1990년에 이 책과 자신이 인천에서 구한 『미학 전집』을 고유섭의 고향 인천에 새로 개관한 인천박물관에 기증했다.

고유섭의 별세 후 얼마 안 된 7월 10일에 평소 그를 가까이 모시며 따르던 사람들과 박물관 직원 그리고 남은 가족이 그가 쓰던 박물관 사무실 겸 서재에 모여 추모 모임을 열었다. 여러 명이 추도사를 읽었는데, 황수영은 이렇게 적었다.

> '선생님의 훌륭한 가르침을 지키면서, 남기고 가신 아름다운 생애를 본받으며 선생의 훌륭한 연구를 밝히는 것이야말로 바로 제자의 도리가 아닐까요.'

선생의 영정 앞에서 읽은 추도사에서 그는 두 가지 맹세를 했다. 하나는 선생의 아름다운 생애를 본받아 자신도 그렇게 살겠다는 것이고, 다른 하나는 선생이 했던 학문의 길을 자신도 이어나가 선생의 학문을 밝히겠다는 것이다. '남기고 가신 아름다운 생애를 본받으며'는 바로 그때 황수영의 결심이자 훗날까지 한시도 잊지 않고 가슴에 새긴 인생의 좌우명이기도 했다. 평소 황수영은 이날이야말로 바로 자신이 평생 가게 될

우현 고유섭

우현 선생의 추도식에 모인 유족과
제자, 지인들(1944)

길을 확고히 다진 날이었다고 여러 차례 말하곤 했던 까닭도 여기에 있다. 그만큼 고유섭의 학문과 인격에 감화를 많이 받은 것이다.

평소 황수영은 후학들에게 "나는 고유섭 선생에게 분에 넘치는 사랑을 받았었다."라고 말하곤 했다. 그의 평생지기였던 진홍섭*도 "초우**는 좋은 스승을 만나서 그 스승을 지성으로 따랐고, 스승 또한 지극히 사랑하였다."라고 회상했다. 또 고유섭이 세상을 떠나기 직전에 쓴 일기에도 그를 아주 애틋하게 여겼던 마음이 녹아있다.

실제로 황수영은 그날 추도사에서 읽은 대로 오로지 미술사의 길만을 걸었다. 하지만 도쿄제국대학교를 졸업한 촉망받던 경제학도가 분야가 다르다면 많이 다른 미술사 공부로 진로를 바꾼 건 분명 쉽지 않은 결정이었을 것이다. 새로 가는 길이 힘들어 후회라도 하지는 않았을까? 그는 한 글에서 당시의 마음을 이렇게 말했다.

"나는 반세기가 지난 오늘 그때를 회상하면서 매우 중요한 시기였다고 새삼 느끼게 되었다. 그리고 그때의 나의 소망이 오늘에 이어질 수 있었으니 그보다 더 큰 다

*전 이화여대 미술사학과 교수
**황수영의 호

행스러움이 또 없을 것이다. 그 뒤 나는 미술 연구에 종사해 온 것을 한 번도 후회한 일이 없었다. 어렸을 때의 소질과 이상을 그대로 지니고 살아올 수 있었기 때문이다. 말할 것도 없이, 내가 걸어온 시대에서 고난과 방황이 거듭되기는 하였으나, 나는 끝까지 나의 '황고집'을 부릴 수 있었다고 생각한다."

– '경주 수학여행의 감명', 『경복고교』, 1981

그가 이후 우리 미술사학계에 끼친 영향은 물론이고 일반 대중에게도 우리 문화재의 우수성을 널리 알렸던 업적은 누구보다 컸다. 그런 큰 발자취의 첫걸음이 바로 은사 고유섭의 타계였으니, 우리나라 미술사의 혜성이 떨어진 날 큰 별이 새로 뜬 셈이다. 역사는 끊이지 않고 이어진다는 원리를 여기서도 보는 것 같다.

사실 스승을 여의고 나서 황수영의 상실감은 매우 컸다. 당시 그가 토로한 말에 그런 심경이 잘 드러나 있다. 스승을 그리워하는 마음은 훗날까지도 오래도록 이어졌다. 형제 같고 또 부형父兄 같은 스승이라 인간적으로 마음의 상처가 더욱 컸을 것이다. 또 한편으로는 이제 더는 가르침을 받을 데가 없게 되어 느꼈던 막막함도 그에게 절망을 안겼을 것이다. 공부하는 사람 처지에서 본다면 후자 느낌이 더 마음에 와닿는다. 공부를 여정旅程에 비유하자면, 처음 가는 험한 길을 깜깜한 밤중에 지나야 하는 여행자의 심정과 같다. 처음엔 다른 사람도 많이 지나다니는 널찍하고 곧게 나 있는 길에서 출발했으나 점점 갈수록 길은 점점 좁아지고 험해지다가, 급기야 해도 지고 어두운 밤이 찾아든다. 그래도 길을 안다면 힘들더라도 용기와 희망을 갖고 앞으로 계속 나아갈텐데 초행길이라 어디쯤 왔는지 모르겠고 표지판마저도 없다. 그럴 때 지친 여행자는 그 자리에 주저앉거나 가는 걸 포기하고 그냥 되돌아가고 싶은 마음만 들지 않을까? 황수영도 그런 심정이었겠지만, 그는 이를 잘 이겨내고 헤쳐나갔다. 여기에 그의 훌륭함이 있다고 생각한다. 언제든 물어볼 수 있는 선생이 곁에 있다는 건 아주 행복한 일이다.

4장

미술사 연구의
첫걸음

1.
해방 전후

북만주에서 겪은 고난

황수영은 선사先師의 영정 앞에서 그의 가르침을 따라서 미술사 공부의 길을 걷겠노라고 다짐했으나 현실은 그다지 녹록하지 않았다. 우선 스승과의 영원한 이별 때문에 한동안 겪어야 했던 허탈감도 그렇지만, 무엇보다 당장 급하게 해결해야 할 건 징집을 피하는 일이었다.

전쟁이 막바지로 치달음에 따라 시국도 아주 험악하게 바뀌어 있었다. 일본은 직업이 없는 청년은 무조건 징집하였기 때문에 전선에 나가지 않으려면 직장을 얻어야만 했다. 하지만 식민지의 백성이었기에 명문대를 나왔음에도 어려운 상황이기는 마찬가지였다. 학교나 철도국 또는 방공防空 감시대 요원 같은 자리가 있기는 했으나 유력한 집안의 자제들 차지였다.

그러다가 다행히 일자리가 겨우 하나 났다. 마침 직원을 뽑고 있는 '만몽滿蒙 산업 주식회사'에 지원해 채용된 것이다. 이 회사는 개성 출신으로 해방 후 주프랑스 공사, 농림부장관과 농협중앙회 회장 등을 지낸 공진항孔鎭恒(1900~1972)이 창업한 곳이다. 만몽은 만주국 정부로부터 개척 용지를 얻어, 일제의 수탈을 피해 이상향을 꿈꾸며 고향을 떠나 만주로 온 이들을 머물게 하고, 농장이나 농지로 개간할 자금을 조성하고 자재를 확보하는 일 등을 맡아보았다. 지금의 안가진安家鎭, 목단강牧丹江, 와우토臥牛吐 등지에 이들이 개척한 농장들이 있었다. 황수영은 1944년 8월에 입사하여 이듬해 광복될 때까지 가족과 함께 회사 본사가 있는 만주 하얼빈에서 근무했다.

징집이나 징병은 피했지만, 2차 대전에 참전한 일본의 패세가 짙어가면서 위태로운 나날이 이어졌다. 1945년에 들어서자 황수영은 하얼빈 북쪽 치치하얼 사무소에 근무하면서 현장에 출장 가는 일이 많았다. 8월 9일, 소련이 일본에 선전포고하면서 일어났던 소일 전쟁 직전이었다.

와우토의 농장에서 출장일을 마치고 만주리滿洲里를 출발해 하얼빈으로 가는 기차를 타기 위해 철도를 따라가서 기차역으로 갔다. 만주에 거주하던 일본 민간인들을 본국으로 철수시키는 마지막 기차라서 놓칠 수 없었다. 겨우 기차역에 도착해 플랫폼으로 천천히 들어오는 기차를 바라보고 있는 순간, 갑자기 기차역 위로 소련기가 나타나 역을 향해 기총 사격을 가했다. 모두 혼비백산해 역사로 다시 들어가며 피하느라 난리가 났고, 황수영은 비로소 자기가 전시의 한가운데에 놓였다는 걸 실감하기도 하였다. 결국 기차는 목적지인 하얼빈으로 가지 못하고 북쪽인 치치하얼로 올라갔다. 그 덕분에 예정대로 본사로는 못 가게 되었지만 밤늦게나마 가족이 있는 데로 무사히 갈 수 있었다.

　　가족이 한데 모여 일단 안심은 되었으나 언제 어떤 위험이 닥칠지 아무도 모르는 상황이었다. 더군다나 소련군이 남쪽으로 진격하는 속도가 빨라져 이대로 가면 얼마 안 가 치치하얼에서 소련군과 일본군 사이에 시가전이 벌어질 게 뻔한 상황이었다. 전황으로는 누가 봐도 일본의 패전이 예측되건만 일본은 끝까지 항복을 거부하고 항전했다. 치치하얼 주둔군도 조선족까지 동원해 성을 결사 수호할 모양이라는 말도 돌았다. 전쟁 마지막에 와서 일본군에 징용되어 전투에 동원될 수는 없었다. 생각이 같은 사람들이 모여 여기서 탈출해 동양진東陽鎭으로 가자고 의견을 모았다. 8월 14일 가족과 함께 새벽에 출발했다. 아직 사위가 어두운 틈을 이용해 치치하얼 성문 앞에 가서 보니 이미 군기가 무너졌는지 다행히 일본인 순경은 없고 만주인 순경만 지키고 있어서 큰 어려움 없이 성문을 빠져나올 수 있었다. 새벽안개를 헤치며 한참을 걸어 아침 해가 뜰 무렵에 넌장漱江을 건넜다. 가는 도중 혹시라도 일본군에 발각되거나 마적단 눈에 띌까 봐 내내 마음을 졸이며 가야 했다. 한번은 저쪽에서 누가 걸어오는데 사람 키만 한 기다란 낫을 어깨에 메고 있는 게 보였다. '마적이로구나!' 하고 뛰어 도망갔는데, 알고 보니 풀 베러 나온 농부였다. 그야말로 '자라를 보고 놀란 가슴 솥뚜껑 보고도 놀란다.'라는 속담대로였다. 놀란 가슴을 쓸어내리고 다시 북쪽을 향해 계속 걸어가 그 날은 만주인 마을에서 하룻밤 묵었다. 다음 날 아침에는 마차를 얻어 탈 수 있어서 오후 무렵에 드디어 북만주 동양진에 무사히 도착했다. 일행은 치치하얼을 탈출하기 직전에 미리 연락한 국민당의 비밀 요원을 만나 은신하는 데 도움을 받았다.

그런데 바로 다음 날인 8월 17일, 일본이 무조건 항복했다는 소식이 들려왔다. 작은 마을이었지만 조선인은 물론이고 중국인과 만주인 다 함께 거리로 쏟아져 나와 서로 얼싸안고 환호하며 기뻐했다. 그는 드디어 안도의 숨을 내쉴 수 있었다. 멀리 드넓은 만주 벌판과 중국 동북부를 경계 짓는 흥안령 산맥을 바라다보니 만감이 교차하여 깊은 감회에 젖었다. 이제 위험에서 벗어났다고 생각하자, 치치하얼을 이틀만 늦게 떠났더라면 구태여 여기까지 힘들게 올 필요가 없었을 텐데 하는 후회도 일었다.

     해방은 되었어도 치치하얼의 사무실이나 집이 어떻게 되었는지 궁금해 가보아야만 했다. 가족은 우선 안전하게 마을에 남겨두고 회사 간부들 몇 명을 뽑아서 그들과 함께 다시 치치하얼로 떠났다. 그런데 일본군이 떠나자 만주 지역 곳곳은 치안 공백이 심각해졌다. 밤만 되면 마적들이 떼로 모여 마을을 쳐들어가 약탈하거나 방화하는 일이 벌어졌다. 비교적 규모가 큰 치치하얼도 마찬가지여서 개척단원이 총을 들고 성벽이나 마을 입구를 지켜야 했다. 어느 정도 안전을 확보한 다음, 그는 청년 사무원 몇 명을 가족들이 남아 있는 마을로 보내 사람들을 호위해 돌아오도록 했다. 여기저기 마적단이 출몰할 때라 길로 오는 건 위험해 이번에는 둥베이東北 평원을 지나는 논강을 따라 내려왔는데, 가족이 무사히 돌아올 때까지 마음을 졸여야 했다. 강변의 왕 모기에 물려 천연두 걸린 것처럼 얼굴이 퉁퉁 부어서 나타난 네 살 난 큰딸애가 그렇게 반가울 수

아내 박홍경 여사, 큰 따님 등 가족과 함께(1945년 이전)

가 없었다.

마적 떼만 두려운 게 아니었다. 소련군도 그 못잖게 행패가 심했다. 치치하얼 가까이 일본인 수용소가 생겨 소련군이 이들을 감시했는데, 밤이 되면 부녀자의 비명이 들려오곤 하였다. 또 하루는 거리에서 시베리아 포로수용소로 이송되는 일본군 패잔병 수천 명이 끌려가고 그들의 가족이 매달리며 울부짖는 처참한 모습에 마음이 무거워졌다.

당시 한국인들은 일본인이 아님을 나타내기 위해 가슴에 태극무늬를 달고 다녔는데 해방된 민족으로서 비교적 자유롭게 행동할 수 있었다. 또 전쟁 막바지에 물자난이 극심했었는데, 종전하자마자 어디서 나왔는지 물자가 풍부히 유통되어서 먹고사는 문제는 일단 크게 걱정하지 않아도 되어 좋았다.

다시 그리운 고향으로

북만주의 가을은 짧았다. 해방된 지 얼마 되지 않은 8월 말인데 어느새 추워지기 시작했다. 해방도 되었으니 회사를 사직하고 나와 고향으로 돌아가기로 했다. 다만 언제 출발하는 게 좋을지가 고민되었다. 가족 그리고 동료들과 며칠 동안 논의한 끝에 그는 더 추워지기 전에 출발하는 게 좋겠다고 판단했다.

9월 1일 드디어 가족과 함께 귀국 길에 올랐다.

그런데 이제는 고향으로 가는 길이 큰 문제였다. 당시 운행이 가능한 교통편은 기차밖에 없었다. 그렇지만 시간표대로 운행하는 기차는 거의 없었고, 또 예정된 노선대로 안 가고 도중에 되돌아가는 일도 다반사였다. 어떻게 하든 압록강을 오가는 노선이 다니는 안동安東역까지 가야 했다. 치치하얼역에서 하염없이 기다렸다가 플랫폼에 들어오는 기차에 올랐다. 신경新京*으로 가기 위해 하얼빈역에서 내렸는데, 여기에서 며칠을 기다려 겨우 올라탔다. 신경에서는 피난민수용소가 있어서 여기에 들어가 며칠 뒤에 온다는 기차를 기다렸다. 안동으로 가는 기차는 다행히 중간에 멈추지 않고 목적지까지 잘 가주었다. 도중에 차창 너머 반대편으로 북행하는 일본군 포로 수송 기차가 지나갔는데 소련군이 공장 등에서 뜯어낸 기계류가 가득했다. 그중에는 학교에서 가져온 것으로 보이는 책상과 의자까지 쌓여있는 걸 보고는 탄식이 절로 나왔다.

안동에 잘 내려 다행이라고 안도의 한숨을 내쉰 것도 잠시였다. 바로 이날 오후부터 압록강 철교가 폐쇄되어 기차가 다니지 않는다는 얘기를 들었다. 이유를 물어보니 만주에 콜레라가 돌기 때문이라는 것이다. 할 수 없이 다시 운행할 때까지

*지금의 장춘長春

무작정 기다려야 했다. 이제 그때까지 머물 숙소 구할 일이 걱정이었다. 겨우 한국 사람이 운영하는 하숙집을 찾아 지하방에 들어갔는데, 중국인들이 누워서 아편을 피우고 있는 아편굴이었다. 전쟁은 끝났으나 이번에는 중국 내 국민당과 공산당의 충돌로 밤새 총소리가 요란하게 들려 가족 모두 잠을 이루기가 어려웠다. 그래도 북만주에서 출발해 험한 길을 지나 여기까지 온 게 어디냐며 서로 위로하면서 압록강 다리가 다시 열리기를 기다렸다.

그러나 며칠을 기다려도 다리는 다시 열릴 기색이 없었다. 마냥 기다릴 수 없어 다른 길을 찾아보았다. 압록강을 거슬러 올라가 중국과 한반도의 국경을 이루는 위화도威化島를 배로 건너 의주義州로 가기로 계획을 세웠다. 영하 20도가 넘는 추위도 추위였지만, 이고 진 짐도 있고, 네 살 딸을 업고 뛰기도 해야 하는 등 여간 힘든 길이 아니었다. 하지만 이를 악물고 쉬지 않고 걸어 드디어 의주에 상륙했다. 치치하얼에서 출발한 지 20일 만이었다. 어느 학교 앞을 지나는데 교정에 태극기가 바람에 휘날리는 게 보였다. 해방된 내 나라에 돌아왔다는 실감이 그제야 나면서 만감이 교차했다. 또 그 험한 길을 별 탈 없이 잘 참으며 함께 와준 아내와 딸아이가 너무나 고마웠다.

다시 30리를 걸어서 신의주新義州에 닿았다. 마침 여기에 도쿄제국대학교 동문인 이만갑李萬甲(1921~2010)이 살고 있어 찾아가 신세를 졌다. 이만갑은 우리나라 사회학의 1세대 학자로 서울대 교수, 한국사회학회 회장, 학술원 회원 등을 지냈다. 어려운 처지인 건 그도 마찬가지였을텐데 갑자기 찾아온 황수영의 가족을 따뜻하게 대해주었다. 그런데 황수영은 이날 밤 갑자기 40도를 넘나드는 고열에 시달렸다. 지인 집에서 오랜만에 마음 편히 쉬며 긴장을 풀자, 가족을 보살피며 20일 넘게 먼길을 오느라 쌓였던 피로가 일시에 쏟아진 것이다. 아프면서도 혹시 안동에 머물 때 콜레라에 걸린 게 아닐까 싶어서 걱정이 이만저만 아니었다. 하지만 다행히 다음날 열이 내리고 몸도 어느 정도 회복되었다. 며칠 휴식을 취한 다음, 남행하는 기차를 타서 개성 외곽인 여현礪峴 역에 내렸다. 긴 여행에 지칠 대로 지쳤지만, 높은 산을 하나 더 넘어야 목적지인 배천白川*에 닿을 수 있었다. 그와 가족은 마지막 힘을 내 짙게 깔린 석양을 등지고 산을 올랐다. 정상에서 내려다보니 배천 시내에 불빛이 환하게 켜져 있어 힘도 났다. 산 중턱에 전화선電話線이 한 줄 걸려있었는데 나중에 들으니 이것이 남북을 가르는 이른바 3.8선의 일부가 되었다고 한다.

*황해도 연백의 옛이름

산에서 내려오자마자 기쁘기도 하고 또 드디어 마지막 고비를 넘었다는 안도감이 한꺼번에 몰려오면서 모두 울음을 터뜨리고 말았다. 집에서 가까운 편이라 전에도 몇 번 와봤던 온천장으로 가서 여장을 풀자마자 고향 집에 "저희 돌아왔습니다!"라고 전화로 알리고는, 곧바로 온천탕에 뛰어들어가니 그제야 오래도록 쌓인 피로감이 단박에 씻겨나가는 듯했다.

며칠 뒤 집에서 형제들이 마중을 나왔다. 해후의 기쁨은 그야말로 형언할 수 없을 만큼 컸다. 차를 구할 수 없어 집까지 다시 걸어서 가야 했으나 여태까지와는 비교도 할 수 없이 발걸음이 가벼웠다. 9월 30일, 북만주에서 떠난 지 꼭 30일 만에 고향에 돌아왔다. 가족과 함께 그야말로 두 발 두 손으로 더듬듯이 찾아온 멀고도 험한 길이었다.

박물관에서 출발한 미술사학 연구의 길

고향에 돌아오니 우선 가족과 함께 머물 집이 필요했다. 마침 고려 궁궐이 있던 만월대滿月臺 앞 음지현陰芝峴* 너머에 새로 지은 한옥을 구할 수 있었다. 조용하고 아담한 집이었다. 대청마루가 널찍해서 문을 활짝 열어젖히면 개성의 진산 송악산이 한눈에 들어와 가슴이 시원해졌다. 겨울에는 북풍이 매서

*음죽고개

워 제법 추웠지만, 그래도 봄부터 늦가을까지 송악산을 마주하는 건 큰 즐거움이었다.

    대문을 나서면 널찍한 길이 남대문까지 이어졌다. 북쪽으로 맑은 개울이 흐르고 그 너머에 인삼 건조장이 있었다. 또 집 가까이 개성의 명문 사립학교인 송도중학교와 하얀 건물이 예뻤던 호수돈好壽敦 여자고등보통학교가 있었다. 호수돈은 1899년 미국 남감리교회에서 여성 선교를 위해 파견한 캐럴 Carroll 여사가 문을 연 유서 깊은 여학교이다. 캐럴은 처음 개성에 와서 '쌍소나무집'이라고 불리던 초가집을 사서 '매일학교 Day School'를 열었는데 첫 입학생은 12명이었다. 1908년 학교 이름을 '호수돈'으로 바꾸었고, 6.25전쟁이 일어나자 지금의 대전으로 옮겨갔다. 그의 부인이 개성 호수돈에서 피아노를 가르쳤고, 또 그도 송도중학에서 강의를 맡게 되어 생활은 조금씩 안정되어 갔다.

    황수영은 1945년 12월부터는 개성 상업학교에 교감으로 부임해 국사 과목을 맡았다. 이 학교는 1908년 4월 개성 간이 상업학교로 개교한 뒤 1919년 4월 개성 공립 상업학교가 되었다. 상업학교는 일제강점기 이후 전국의 상업 도시에 세워졌는데, 개성상업학교는 부산의 두 곳, 서울, 인천에 이어 전국에서 다섯 번째로 개교한 5년제 학교였다.

평화롭고 안정된 일상이었지만, 사실 그는 이때 인생의 중대한 갈림길 앞에 서서 고민하고 있었다. 작년 스승의 영정 앞에서 맹세한 대로 미술사 연구를 필생의 과업으로 결심했기에 하루라도 빨리 그 길에 매진하고 싶었고 그러기 위해서는 경성으로 가서 거기에 맞는 분야의 일을 해야 했기 때문이다. 그럴려면 오랜만에 고향에서 가족과 함께 얻은 안온함을 등질 수밖에 없는 상황이었다. 그러던 차에 그의 결심을 재촉하듯 그에게 좋지 않은 일이 일어났다.

해방 이후 우리나라의 운명은 다 잘 되리라는 모두의 기대와 달리 현실은 정반대로 흘러갔다. 3·8선을 경계로 남과 북으로 나누어져 각각 좌익과 우익이라는 상극의 정치 이념을 내건 정부가 들어서면서 대립이 격화하기 시작했다. 개성만 해도 3·8선이 지나는 송악산을 사이에 두고 남과 북의 군대가 서로 전투를 벌이기까지 할 정도였다. 사람들도 이념에 따라 서로 미워하고, 이런 분위기를 악용해 잘못이 없는 사람을 음해하는 일도 곧잘 벌어졌다. 학생들마저 좌익이냐 우익이냐 이념을 구분하며 대결하는 일이 잦았는데, 황수영도 그만 여기에 자신의 뜻과는 전혀 무관하게 휘말려버린 것이다.

1947년 초여름의 어느 늦은 밤, 개성경찰서 형사들이 갑자기 들이닥쳐 영장도 없이 가택수색을 하는 게 아닌가. 처음엔 크게 당황했지만 가만히 눈치를 보니 그들은 불온물, 그러니까 이른바 '붉은 삐라' 같은 인쇄물을 찾는 것 같았다. 하지만 그런 게 있을 리 없어 곧 마음을 가다듬을 수 있었다. 그보다는 그들이 집안을 헤집고 다니다가 그가 마루에 놓고 정리하고 있던 고유섭의 유고를 여기저기 마구 흩어버리는 통에 혼비백산하기도 했다. 그러면서도 혐의가 무엇인지 제대로 설명해 주지도 않았다. 그가 짐작하기로는 교내의 누군가가 밀고한 듯했다. 그는 대학에서 강의할 때나 평소 지인과의 대화에서 특별한 정치색을 보인 적이 거의 없었다. 모두 자기의 생각이 있을 터인데 구태여 정치 얘기로 불필요한 논쟁을 벌이는 일을 좋아하지 않았기 때문이다. 이때도 마찬가지여서 그런 종류의 얘기는 하지 않았을 뿐만 아니라 학생을 사상에 따라 달리 대하지도 않았다. 다만 국사 과목을 담당하면서 수업 중에 '자유인'에 대한 이야기가 자연스럽게 나온 적이 있는데 이게 빌미가 되었는지 모르겠다. 또 때로 학생들을 데리고 송악산 계곡에서 밥도 지어 먹으며 인생과 공부에 대해 여러 얘기를 해준 게 있는데, 아마 이런 일도 당국에서 민감하게 보았는지 모른다.

여하튼 수색해도 불온물이 나오지 않자 형사는 그를 경찰서로 연행해 갔다. 그러고는 한 번의 심문도 없이 일주일 동안 구류시키고 나서야 풀어주었다.

풀려나긴 했으나 그는 앞으로 이런 일이 반복될지 모른다는 생각이 들어 두려워졌다. 언제 정국이 안정되고 평화로운 일상을 누릴지 알 수 없는 상황이었기 때문이다. 이 일이 직접적인 원인은 아니었으나 개성을 떠나야겠다는 결심을 굳히게 되는 계기였던 건 분명하다. 1947년 10월, 만 3년 동안 잡았던 교편을 내려놓고 학교를 나왔다.

오랜만에 한가한 시간을 얻은 그는 경주의 유적지와 대왕암으로 떠나보기로 했다. 생전에 스승 고유섭이 늘 그곳을 가보라고 입버릇처럼 말하던 걸 실천하려 한 것이다. 고유섭은 신라 불교미술의 핵심이 경주이고, 그중에서도 핵심은 불국사와 석굴암 그리고 동해안에 자리한 문무왕 유적지, 곧 대왕암이라고 보았다. 그래서 평소에 늘 제자와 사람들에게 경주의 이 지역에 가볼 것을 강조하곤 했다. 그의 이런 생각이 낭만 기행의 형식을 빈 다음의 글에 잘 드러나고 있다.

'경주에 놀면 불국사에서 놀 줄 알고, 불국사에서 놀고 나면 누구나 석굴암을 찾는다. 하지만 그곳에서 산골짜기를 끼고 세류를 타고 가기를 60여 리. 이 대종천 하류에 이르게 된다.

이곳에 있는 들판의 언저리에서 푸른 물결은 벌써 보이기 시작하는데 용당산 아래에 감은사지의 고고한 삼층석탑, 그곳에서 다시 바다로 가면 대왕암의 삼엄함 자태, 무심한 갈매기는 물결에 녹듯이 휩쓸리고, 물결 위에 뜬 작은 배는 바람결에 던져 있고, 유유한 흰 구름은 하늘에 둥둥, 물가에 길게 있는 가지 많은 어린소나무가 천년고千年古를 속삭이는데 어부가 잡아 오는 생전복을 안주하여 큰 잔에 한잔을 하고 오척 단신을 모래사장에 던져 치면 언덕 위의 까마귀와 까치의 소리, 파도 꼭대기의 갈매기 소리, 바다 향기는 스며들고, 소나무 숲 사이를 스쳐 부는 바람은 귀에 난다. 이로서 이곳 바다를 나는 '잊히지 못하는 바다'라 한다.'

— '나의 잊히지 못하는 바다', 『고려시보』, 1939

이 글은 황수영의 운명이 되었다. 그는 스승의 이 글을 늘 가슴에 새기며 신라 불교미술 연구의 좌우명처럼 삼은 것이

국립박물관에서 발표하는
황수영(1948)

다. 경주에 답사갈 때는 물론이고 평소 수업 때도, 대중 강연에서도 이 말을 꼭 빼놓지 않았다.

　　황수영은 본격적으로 미술사학 연구의 길로 들어서기로 마음먹은 다음, 최선의 길을 찾아 나섰다. 그중 스승이 그랬던 것처럼 박물관에 들어가면 일도 하고 공부도 할 수 있을 테니까 그게 가장 좋아 보였다. 친구인 진홍섭과 의논해보니 그도 마찬가지 생각이었다. 그는 스승을 이어서 개성박물관에서 일하고 싶어 했고, 황수영은 서울 국립박물관에서 새로운 길을 걷고 싶다는 게 다르다면 달랐다. 다만 두 사람이 그때까지 공부한 분야가 박물관에 들어가기에 딱 맞는 전공이 아닌 게 문제였다. 더군다나 딱히 박물관 쪽에 잘 아는 지인이 있는 것도 아니어서 두 사람 다 다소 난감한 처지였다.

　　그때 뜻밖으로 손길을 내어준 분이 나타났다. 일석一石 이희승李熙昇(1896~1989)이었다. 저명한 국어학자로 당시 서울대 국어국문학과 교수이던 그는 고유섭과 경성제국대학 동문으로 평소 친하던 사이였다. 고유섭이 갑자기 세상을 떴다는 소식을 듣고 누구보다 슬퍼했고, 해방 후에 황수영을 만날 때면 늘 '이런 때 우현又玄*이 살아 있었다면!' 하며 많이 아쉬워해주던 고마운 분이었다. 이희승은 황수영과 진홍섭의 얘기

*고유섭의 호

를 듣고 나서는 흔쾌히 도와주겠노라고 나서주었다. 서울과 개성을 오가면서 박물관 관계자들을 찾아가 힘껏 주선해주었고, 그 덕분에 진홍섭은 개성박물관 분관장으로, 황수영은 국립박물관 연구과에 박물감博物監으로 들어갈 수 있었다. 해방 후 국립박물관에서도 마침 조직과 시설을 새롭게 개편하던 중이어서 능력 있는 인재가 필요했을 때이고, 국립박물관의 김재원 관장, 이홍직 과장 등도 흔쾌히 도움을 주었다. 이제 그는 어렸을 적부터 꿈꿔왔고 고유섭에 의해 확실하게 마음을 굳힌 미술사 연구의 길로 본격적으로 나아갈 수 있게 되었다. 1948년 1월의 일이었다.

사실 박물관에 들어가기 전에도 그는 박물관과 인연이 아주 없던 건 아니었다. 개성 상업학교 교사일 때인 1947년, 일간지 〈자유신문〉(5월 26일)에 '문화유산의 수호'라는 제목의 칼럼을 실은 적이 있었다. 박물관이 우리 문화재에 대한 보존과 관리에 더욱 관심을 기울여야 하며, 이를 통해 해방된 우리나라의 민족문화를 건설해야 한다는 주제였다. 여기서 그는 1946년 5월 개성 만월대의 만령전萬齡殿·장경전長慶殿 터에 미군 막사를 짓기 위해 사진이나 실측 한번 없이 닦아버린 예를 들며 개발과 군사 목적으로 유적이 허망하게 사라져서는 안 된다고 경고했다. 또 당시 국립박물관이 훌륭한 우리 문화재를 잘 전시함으로써 우리 민족의 자랑스러운 역사를 볼 수 있도록 해야 하는데 그렇지 못하고 1년 가까이 계속 휴관하는 것도 질타했다. 문화재가 곧 그 나라 민족의 역사를 대변하므로 요즘은 문화재의 보존과 관리 그리고 전시가 더욱 강조되는데, 황수영이 기고한 글은 바로 이 점을 지적한 것이다. 일찍부터 그는 박물관의 기능과 사명을 잘 알고 있었고, 늘 관심을 두고 바라보았음을 이 칼럼으로 알 수가 있다.

2.
박물관에서 보낸 시절

박물관에서 만난 동료들

박물관이 대중에게 낯설지 않은 존재가 된 건 서양에서도 19세기 중반의 일이다. 우리나라에서는 '조선'이라는 국호를 '대한제국'으로 바꾼 1900년대 초반에 황실의 권위를 높이기 위해 미술관을 둔 것이 처음이다. 조선 왕조로부터 대대로 내려오던 보물이나 귀중품에 더해 민간에서 수집한 고려청자 같은 고급 미술품을 구입하면서 간단한 전시 형태도 띠었다. 물론 일반 대중을 위한 전시는 아니어서 '미술관'·'박물관'이라는 말 자체가 보통 사람들에게는 아주 생소했을 것이다. 이 미술관은 일한병합 이후 조선총독부가 운영을 맡아 '이왕가미술관'으로 불렸다.

한편 1920년대부터 일본인에 의한 고적 조사, 고고 발굴이 잦았는데 그렇게 해서 발견된 유물이 상당한 수량에 이르렀다. 이러한 유물을 보관하고 전시하기 위해 그 무렵 서울에 총독부박물관이 개관하였고, 이어서 경주·부여·개성 등에도 분관이 생겼다. 해방 직후인 1946년 4월에는 주로 공예 민속품을 소장한 국립민족民族박물관이 남산에서 개관하였다. 오늘날 경복궁 내에 자리한 국립민속民俗박물관이다. 6.25전쟁이 끝나고 사회가 점차 안정됨에 따라 지방에 국립박물관이나 부산시립박물관(1977) 등 공립 박물관이 하나둘씩 늘어났다. 또 1966년에 개관한 간송미술관처럼 개인 수집가가 자신의 소장품을 전시하는 개인 미술관·박물관도 잇달아 세워졌다.

    황수영은 1948년 1월부터 국립박물관 출근을 시작했다. 당시 국립박물관은 경복궁 안에 자리했다. 김재원金載元(1909~1990) 관장은 독일 뮌헨대학교에서 고고학을 전공한 분이었고, 훗날 연세대와 고려대 교수를 지내며 한국고대사 연구자로 이름을 날린 대학 선배 이홍직李弘稙(1909~1970)은 진열과 과장이었다. 황수영이 소속된 연구과에는 김원룡金元龍(1922~1993), 서갑록徐甲祿, 장욱진張旭鎭(1917~1990) 등이 있었다. 김원룡은 우리나라 고고학 1세대 연구자로서 서울대 고고학과 교수로 있으면서 황수영에 바로 앞서서 국립중앙박물관장을 지냈다. 이후에도 그와 함께 고고미술동인회를 통해 활발한 연구 활동을 펼쳐 고고학과 미술사 연구에 많은 성과를 냈다. 서갑록은 처음 만났으나, 장욱진은 그와 경복중 동기였다. 도쿄의 제국미술학교 서양화과를 졸업한 뒤 1945년 황수영보다 조금 앞서서 박물관에 들어와 1954년까지 근무했고, 이후 서울대 교수를 잠시 지낸 뒤 그림에 몰두하여 서양화가로 이름을 날렸다. 그 외에도 여러 좋은 동료와 함께 근무했는데, 황수영은 그중에서 특히 민천식閔天植(?~1951)과 뜻이 맞아 각별히 친했다. 그렇건만 그가 만난지 얼마 안 가 타계하여 매우 아쉬워했다. 민천식은 와세다 대학교를 나왔고 황수영처럼 불교 미술사학을 연구하였다. 성격이 명랑하여 황수영과 함께 경주, 경북 등지로 자주 출장을 가 경주 탑지塔址, 문경 지석묘와 봉서리 석불 등 유적과 유물 조사를 하였다. 그러나 6.25전쟁 와중에 공산당에 부역했다는 무고한 혐의를 받아 체포되어 세상을 떠났다. 황수영은 그는 절대 부역할 사람이 아님을 알고 있었기에 그의 죽음을 누구보다 아쉬워했다.

  황수영이 비록 이때까지 미술사를 본격적으로 공부한 기간은 아직 얼마 안 되었지만, 고등학교와 대학 시절 동안 고유섭을 사사한 경험이 있었고, 무엇보다도 그의 재능이 영민하

황수영의 국립박물관 시절 동료인
민천식

고 성격이 꼼꼼하여 짧은 시간 안에 큰 진보를 이룰 수 있었다. 더군다나 당시 함께 근무했던 선배, 동료들도 모두 역사, 고고학, 미술사 방면에서 뛰어난 업적을 보인 인물들이었다.

한편 박물관 내에 미술사 연구회가 조직되어 세미나도 열렸는데 이 또한 황수영이 공부하는 데 많은 도움이 되었다. 그는 이 학술 모임에 적극적으로 참가해 실력을 연마해 '한국 탑파의 양식 변천', '고대 용龍에 대하여', '새로 발견된 신라 범종' 같은 주제로 발표도 했다. 이어 1950년 3월 「법륭사탑 사리 장치에 대하여」(『민성』), 「감은사지」(『문학』) 등의 연구 성과를 잇달아 게재하며 연구 능력을 더욱 쌓아 나갔다.

한편 그는 우리 문화재의 보존과 관리가 시급성을 강조하며 당국과 일반인의 인식이 크게 바뀌어야 한다는 목소리도 힘껏 냈다. 1949년에 월간 종합잡지 『신천지』(4권 10호)에 '문화재의 수호, 그 긴급한 보존책을 요망함'이라는 제목으로 기고한 게 그것이다. 2년 전 〈자유신문〉 칼럼에서 이미 강조했던 것처럼, 해방된 나라로서 이제 우리 문화의 가치를 소중하게 여기고 문화재 보존에 특별한 대책을 시행해야 한다는 내용이었다. 일제강점기에 있었던 문화재 훼손의 여러 사례와 함께 주권을 회복하고 나서도 사람이 쉽게 접근하지 못하는 산이나

오지에 자리한 불교 문화재들의 안전에 많은 배려가 있어야 한다는 주장을 담고 있다. 상당히 긴 분량의 문장을 소주제별로 단락을 나눔으로써 읽기 쉽게 하고, 글 곳곳에 이야기의 핵심이 분명해 지루하지 않게 하는 그만의 문장 특징이 이때부터 구사되고 있다.

미술사는 유물을 직접 많이 보는 경험이 가장 중요하다. 박물관에는 이런 유물들이 모여 있으니 박물관에 많이 가 볼수록 유물을 보는 안목이 그만큼 더 길러지는 건 당연하다. 또 힘들더라도 유적 현장에 자주 가는 성실함도 못잖게 중요하다. 지금은 박물관에 있지만 원래 있던 제자리가 어떠했는지 가보는 것은 당연하다. 옛날에는 어떤 위치에서 어떤 방향으로 자리했었는지, 또 주변에 그와 관련이 있는 다른 유물과 유적을 확인해야 비로소 해당 작품을 온전히 이해할 수 있기 때문이다. 그런 과정에서 작품 사진도 찍고, 도면에다 실측도 하면서 온 힘을 다해 그 작품을 바라보게 되어 안목도 점차 높아지곤 한다.

이렇게 박물관에 근무하면서 현장에도 자주 가게 되는 일상의 반복은 황수영에게 미술사와 관련하여 실무와 이론을 함께 익히는 좋은 기회가 되었다. 그는 몇 년 뒤 박물관을 나오고 나서도 이런 습관을 더욱 다졌다. 수시로 박물관에 가서 유물을 여러 각도로 살펴보곤 하였고, 현장에도 누구보다 많이 가면서 입체적인 미술사학 공부를 한 것이다. 그가 우뚝한 학문 세계를 이룰 수 있었던 요인 중 하나는 바로 이렇게 기본을 충실히 이어나갔기 때문이다.

보물 발견의 첫 경험, 부여 사택지적비 발견

황수영은 학계에서 '지남철'로 불리기도 했다. 평생 숱한 보물과 국보급 문화재들을 찾아냈기 때문에 생긴 별명이었다. 국립박물관 선배였던 이홍직 고려대 사학과 교수가 우스개처럼 처음 했던 말인데, 많은 사람이 정말 그렇다고 하면서 한동안 이 별명으로 불렀다. 한두 건도 아니고 수십 건의 문화재를 새로 찾아낸 데는 운도 있었겠으나 그보다는 문화재를 보는 그의 눈이 밝았고 또 누구보다 부지런히 유적과 조사 현장을 다녔기 때문일 것이다.

그런 경험은 1948년 박물관에 들어오자마자 있었다. 그해 여름, 부여 정림사지 오층석탑 주변 정리 공사에 문교부의 위촉을 받아 '우리나라 제1호 현장 감독관'으로 내려갔을 때였다. 당시 그와 함께 출장 갔던 이는 미술사학자이자 동양화가

황수영이 국립박물관에 근무하며
조사했던 '사택지적비' 탁본

인 임천林泉(1908~1965)이다. 그도 개성 출신으로 1929년 동경 미술학교 동양화과를 마치고 귀국해 활동하다가 황수영과 비슷한 시기에 국립박물관에 들어왔다. 문화재의 복원·보수·실측 공사를 담당했는데 당시 이 방면의 유일한 권위자로서 '살아 있는 문화재'라 일컬어지던 인물이다.

　　황수영은 열흘 남짓한 이 출장 중에 부여박물관 관장 홍사준洪思俊(1905~1980)의 안내를 받아 여러 고적을 함께 다녔는데 이때 보물급 문화재를 발견하는 경험을 처음으로 하였다. 부여 지리에 환한 홍사준이 마을 사람으로부터 글씨가 새겨진 길쭉한 돌 하나가 있다는 얘기를 듣고 함께 부소산 남쪽 돌무더기 속을 들춰보다가 일부가 떨어져 나간 비석을 찾아낸 것이다. 바로 〈사택지적비沙宅智積碑〉였다. 일본 고대사의 최고 사료인 『일본서기日本書紀』에도 대좌평 벼슬을 한 이로 소개된 사택지적이 만년에 절과 건물을 짓고 이를 기념해 세운 비이다. 현재 전하는 유일한 백제 비석이자, 백제 후기 귀족의 삶과 사상 그리고 백제 관직을 이해하는데 중요한 자료가 된다.

　　연재然齋 홍사준은 1932년부터 부여군청에서 고적 보존 사무를 맡음으로써 문화재와 본격적 인연을 맺었다. 1945년부터 1961년까지 경주박물관장을 포함하여 십여 년 동안 부여박

익산 미륵사지석탑에서 홍사준
선생과 함께. 사진 오른쪽이 홍사준,
그 왼쪽이 황수영.

물관 관장으로 있으면서 부여를 중심으로 한 충청도 지역의 문화재 발굴과 조사, 보존에 큰 역할을 했다.

황수영은 홍사준과 이미 구면으로, 1945년 개성에 출장 온 서울 박물관 직원들을 위해 진홍섭 관장 집에서 마련한 만찬 자리 때 처음 만났다. 주인의 대접도 후했고 모인 사람들의 의기도 잘 투합되어 늦도록 즐거운 자리가 이어졌다. 만찬이 끝나고 사랑채 큰방에서 모두 함께 잤는데, 아침에 보니 누군가의 이부자리에 큰 지도 하나가 그려져 있어서 아침부터 다들 웃음보를 터트렸다. 이렇게 첫 만남부터 홍겹게 어울리며 서로의 인품과 학식을 알아보았다. 그 뒤로는 서울과 개성의 박물관이 합동으로 개성 흥왕사지를 조사한 것을 비롯해서 여러 다른 고적 조사 때도 서로 만나게 되었다. 황수영은 자기보다 13살 많은 홍사준을 같은 학문을 하는 동료이자 선배로서 잘 대했다.

홍사준은 사택지적비를 발견한 뒤 이를 부여박물관으로 옮겼고, 『역사학보』 6호(1954년)에 처음 학술적 소개를 하였다. 황수영은 이후 그에게 여러 차례 탁본을 부탁하기도 했는데, 홍사준은 나중에 이를 두고 "사택지적비가 손상되었다면 그건 바로 황 선생 탓이오!"라고 웃으며 농담하곤 했다.

박물관 시절의 일화

박물관이 하는 주요 역할은 전시, 연구, 교육이다. 유물을 보기 좋고 이해하기 쉽도록 다양한 전시 방법을 구사한다. 또 소장하는 유물의 가치와 의미를 연구하여야 한다. 그리고 박물관이라는 역사와 문화의 공간을 통해 사람들이 지식을 넓혀나갈 수 있도록 일반 대중을 대상으로 한 교육 활동도 못지않게 중요하다. 오늘날 국립박물관에서는 상설 전시 외에도 일정한 주제에 따른 유물만 따로 전시하는 특별 전시가 일 년에 몇 번씩 열린다. 하지만 황수영이 근무할 당시는 국립박물관으로서 자리를 잡아나가기 시작했고 그렇게 활발한 활동은 아직 못할 때라 황수영은 여가를 이용해 스승 고유섭이 남긴 글들을 정리하며 책으로 출판할 준비를 할 수 있었다. 훗날 고유섭의 학문이 재조명되는 데 있어서 황수영이 이 시기에 한 준비 작업은 아주 중요한 역할을 하는데, 이는 뒤에서 좀 더 자세히 얘기하겠다.

　황수영은 유물 파악과 정리 등 기본 업무 외에 하얀 가운을 입고 진열관과 경복궁 회랑에 있는 천자고天字庫까지 둘러보며 상태를 확인하는 일이 일과였다. 경복궁에는 남문 사정전思政殿을 중심으로 하여 좌우 5칸씩 모두 10칸의 행각行閣[*]

[*] 본 건물 좌우에 늘어선 줄 행랑

이 들어서 있었다. 행각마다 문을 달아 독립 공간을 만들어 행사 등 쓰임에 필요한 기물을 보관하였다. 서로 구분하기 위해 서쪽 행각부터 '천자고天字庫'·'지자고地字庫'·'현자고玄字庫'·'황자고黃字庫'로 시작해 '월자고月字庫'까지 천자문의 글자 순서대로 전부 10개의 명패를 달아놓았다. 당시 국립박물관에서는 이 중 천자고를 유물 창고로 썼다.

한번은 박물관 본관에 도둑이 들었다. 그런데 그가 훔친 건 모조 금관이었다. 박물관에서는 진품이 아니라 모조품이라고 언론에 발표했으나, 사람들은 곧이 믿지 않는 분위기였다. 하기야 모조이든 진품이든 소장품을 도난당한 건 박물관 잘못이니 가타부타 더 변명할 일은 아니었다. 외국에서도 유명 박물관이나 미술관에서 미술품이 도난당하는 일이 간혹 일어난다. 모조 금관을 훔쳤던 이 일은 우리나라 박물관에서 일어났던 첫 도난 사건이었다.

3.
6.25전쟁에서 박물관의 유물을 지키다

박물관도 피해갈 수 없었던 전쟁 피해

해방된 지 얼마 안 되었으나 좌익과 우익의 대결로 시국은 불안했다. 유물 안전이 최우선인 박물관에도 비상이 걸렸고, 급기야 개성박물관 유물을 서울로 옮기기로 하였다. 사실 이 일은 1949년 5월 개성박물관이 자리한 송악산에서 벌어진 전투가 그 직접적 계기였다. 전투는 이내 끝났으나, 남북의 군사적 긴장이 더욱 커지면서 군에서 개성박물관 안에 포대를 설치하겠다고 통보해왔다. 총성이 난무했고 또 앞으로 대포가 박물관에도 떨어질 수 있는 상황이었기에 유물 이송은 불가피했다. 황수영은 유물 수송의 책임을 맡아 개성박물관에 갔고, 상당수의 유물을 트럭에 실어 날랐다. 다만 국보로 지정된 고려청자 2점은 따로 포장해서 황수영이 직접 들고 3등 기차에 타고 운송해야 했다.

　　이런 소동은 사실 1년 뒤 일어난 6.25전쟁 비극의 서막이었을 뿐이다. 6.25전쟁은 우리 국민 모두에게 이루 말할 수 없을 만큼의 큰 피해였는데, 박물관 역시 마찬가지였다. 야외에 있는 문화재가 포격과 사격, 방화 등으로 사라지고 훼손된 예는 헤아릴 수 없이 많았다. 그에 비해서 박물관에 보관된 유물은 실내에 있었던 데다가 박물관 관계자의 노력으로 피해를 덜 입은 편이다. 그래도 서울이 한동안 북한의 통제에 들었고 그때 모든 유물이 북한으로 옮겨질 뻔했던 등의 위험의 순간도 있었다. 그런 위기 상황을 슬기롭게 헤쳐나갔던 노력의 한 예를 황수영의 경험으로 확인해 볼 수 있다.

북한 요원에게 접수당한 국립박물관

1950년 6월 25일, 아침부터 포성과 전차 바퀴 굴러가는 소리가 진동하였고 시민들은 결국 전쟁이 일어났음을 알고 크게 동요했다. 그래도 박물관은 정상 근무했으나 불안하기는 마찬가지였다. 정부 부처가 들어서 있는 중앙청이 같은 담 안에 있었건만 그들은 전화 통지도 한번 없이 그날 밤 서둘러 서울을 빠져나갔다. 포성 소리는 한층 가까워졌고 밤새 한강이 폭파되는 소리가 요란했다. 다음 날 아침에 나가보니 중앙청 건물에는 어느새 인공기가 펄럭이고 있어 서울이 함락된 걸 알았다. 아침 일찍 인민군 병사 2명이 박물관 사무실이 자리한 자경전 문을 두드렸다. 이날부터 국군이 서울을 되찾은 9·28 수복까지 국립박물관은 북한의 통제에 들어가게 되었다.

전쟁이 일어나고 인민군이 서울을 차지한 직후 대부분 공기관의 직원들은 후퇴한 정부를 따라 건물을 버리고 떠났다. 하지만 박물관만큼은 간부에서 수위에 이르기까지 아무도 피난 간 사람이 없었다. 물론 직장을 지키라는 지시도 없었다. 모두 유물을 지켜야 한다는 마음으로 자발적으로 박물관을 떠나지 않은 것이다. 황수영은 훗날 이때의 일을 회상하면서, 전쟁을 맞은 공공기관 중에서 직원 모두가 도망가지 않고 제자리를 지킨 곳이 또 있었는지 모르겠다고 하면서 박물관 사람들을 자랑스럽게 생각했다.

하지만 당시 박물관 상황은 긴장이 매일같이 이어지는 상황이었다. 인민군이 접수하자마자 관내에 자치위원회라는 걸 만들게 했다. 무얼 하는 위원회인지도 몰랐으나, 직원들은 시키는 대로 의논하여 이홍직 과장과 황수영을 위원장과 부위원장으로 뽑았다. 사실 이런 선출은 요식행위였을 뿐이다. 사흘이 지나자 평양에서 한 사내가 와서는 박물관을 접수하였고, 평소 눈에 잘 띄지 않던 사진 촬영 담당자를 부위원장으로 임명했다. 나중에 들으니 그는 이전부터 남로당 당원이었다고 한다. 어쨌든 황수영은 괜한 일에 휘말리지 않고 물러나게 되어 속으로는 잘 되었다 생각했다.

국립박물관도 이러했지만, 지방의 분관들은 더 어려운 상황이었다. 당시 분관은 경주·부여·공주 그리고 개성에 있었는데 개성박물관 외에는 모두 본관과 전혀 연락이 닿지 않아 불안감이 컸다. 개성박물관 유물은 그 전에 서울로 옮겨왔기에 안심이 되었지만 관장이나 직원들 걱정이 많이 되었다.

당시 중앙박물관의 간부와 수위는 경복궁 안 경안당慶安堂을 사택으로 쓰고 있었는데 8월 15일 무렵 갑자기 그곳을 비우고 다 나가라는 통보를 받아 하루아침에 쫓겨나다시피 했다. 이 무렵 관장은 피신하느라 출근도 하지 않을 때였지만 그래도 박물관 직원은 이른바 '필요 인원'으로 인정되어 새로운 신분증이 발부되어 배급도 받을 수 있었다.

덕수궁미술관에 옮긴 박물관 유물

국립박물관은 북한 내각 직속 '물질문화연구 보존위원회'라는 곳에서 내려온 북쪽 사람들에 의해 접수되어 통제를 받게 되었다. 일단 표면적으로는 큰 변화 없이 모두 하던 일을 계속했는데, 7월 말부터 비상 상황을 대비해 소장 유물을 포장하라는 지시가 내려왔다. 국립박물관뿐만 아니라 덕수궁미술관의 중요 유물, 위탁된 개인 소장품까지 전부 포함하라는 지시였다. 2만 점에 달하는 국립박물관 유물은 8월 말 포장 작업을 마치고 전부 덕수궁미술관 신관 1층 창고로 옮겨졌다. 덕수궁미술관은 일제강점기의 이왕직미술관李王職美術館을 이어받아 1946년 3월 개관하여 지금까지 이어져 온다. 경복궁과 달리 지금처럼 높다란 담이 둘려져 있고 정문도 폐쇄되어, 외부 사람의 출입이 엄격하게 통제되었기에 좀 더 안전하기는 했다. 박물관 유물은 이후 1.4후퇴로 부산으로 후송될 때까지 이곳에 보관되었다. 그런데 국립박물관 나름대로 유물을 관리할 책임자가 있어야 하므로 이홍직 과장의 지시를 받아 황수영이 덕수궁미술관으로 파견되었다. 덕수궁 정문인 대한문大漢門을 들어서면 오른쪽에 있는 작은 한옥의 방 하나를 숙소로 배정받아 가족과 함께 옮겨와서 9.28수복 직후까지 지냈다. 이 한옥은 1990년대 중반까지만 해도 그 자리에 있었으나 지금은 철거되었다.

　　덕수궁미술관에도 이규필李揆弼 관장과 몇몇 직원이

남아 있었는데, 전시 상황이라 모두 불안하고 예민해져서 그런지 국립박물관 유물과 직원이 와 있는 걸 달가워하지 않는 분위기였다. 그래서 한동안 조금은 불편한 마음이었으나, 무엇보다 국군이 서울을 탈환하기까지 박물관과 미술관의 유물이 무사할 수 있었던 것만으로 다행이라 여겼다.

한번은 이런 일도 있었다. 8월 중순 어느 날, 잠시 경복궁에 들러 사택에서 하루 이틀 머물 때였다. 갑자기 젊은 사람 몇이 사택에 들이닥쳐서는 그와 김원룡을 막무가내로 연행해 갔다. 셔츠 바람에다 고무신을 신은 채로 광화문 네거리 서대문 방향의 어느 건물 2층에 끌려가 조사를 받았다. 마침 두 사람 모두 신분증을 지니고 있던 게 다행이었다. 황수영은 그곳 책임자인 듯한 젊은이에게 다가가 말했다.

"우리는 국립박물관의 '필요 인원'이오. 나라의 중요 유물을 관리하는 요원이지 수상한 사람이 아니오."

설명을 잘했는지 그가 고개를 끄덕거리며 이제 돌아가도 좋다고 했다. 용궁을 빠져나온 토끼의 마음으로 둘은 서둘러 박물관으로 돌아갔다. 그야말로 십년감수한 느낌이었다. 그런데 정작 더 큰 위기는 그로부터 얼마 뒤 일어났다.

용기와 기지를 발휘한 '유물 포장 지연' 작전

9월에 접어들자 전황은 더욱 심각해진 듯했다. 15일에 미군이 인천상륙작전에 성공했고, 서울 탈환을 위해 진격하는 중이라는 소식도 들었다. 그런데 박물관 입장에서는 시가지에서 치열한 전투가 벌어질 게 예상되어 유물 보호를 위한 비상 대책을 서둘러 마련해야 했다. 여러 차례 회의를 거듭한 끝에 종묘宗廟 안에 호壕*를 깊게 파고 덕수궁 창고의 유물을 가져와 넣어 놓자는 결론을 냈다. 말하자면 사람이 아닌 유물을 위한 참호였다. 참호 파는 일은 전 직원이 며칠씩 돌아가며 밤낮을 가리지 않고 작업했다. 비록 직접 전장에 뛰어든 건 아니었어도 국가의 문화재를 수호하기 위한 나름의 전투를 벌이고 있던 셈이었다.

  박물관 유물이 전쟁 중에도 무사히 남아 오늘날까지 잘 전해진 데에는 이처럼 박물관 직원들의 헌신이 있었던 덕분이다. 이들이 펼친 또 하나의 '작전'이 있다. 이른바 '유물 포장 지연'이다. 9월 15일 인천상륙작전 이전의 어느 날, 박물관을 통제하던 북한 요원이 갑자기 국보급 유물을 선별해서 시 외곽으로 분산시킬 준비를 하라고 명령했다. 말은 그렇게 했으나 북한으로 실어 갈 속셈임은 뻔했다. 우리의 소중한 문화재가 통째

*구멍이

로 북한에 넘어갈 위기의 순간이 닥친 것이다. 박물관 직원들은 이를 눈치채자 목숨을 걸고서라도 막자고 의기투합했다. 이홍직 과장과 황수영 등 직원들은 몰래 만나 대책을 의논했다. 그들의 명령을 그 자리에서 거부할 수는 없으니, 일단 유물 포장 작업에 들어가되 최대한 시간을 끌자고 뜻을 모았다. 유물은 조심히 다뤄야 한다고 하면서 국군이 다시 진격해 올 때까지 시간을 벌어보자는 계획이었다. 그림 한 점을 천천히 포장하고 나서는 지켜보던 북한군에게 "지금은 여름이라 습기가 많아요. 솜을 좀 더 넣어야겠어요." 하며 다시 풀고 새로 쌌다. 또 불상 포장을 마치자마자 "아무래도 목 쪽이 약하니 보강재를 다시 더 넣어야 합니다." 하며 포장을 뜯었다. 포장만으로 늑장을 부리면 눈치를 챌까 싶어, 유물 넣을 상자가 충분하지 않으니 새로 짜야 한다고 하며 "판자를 구해야 한다, 목수를 불러야 한다, 못을 더 사와야 한다."라는 식으로 시간을 번 것이다. 북한군이 초조해하며 재촉도 했지만 그러지 않으면 유물이 다 상해버린다는 말에 하지 말라고 할 수도 없었다. 그렇게 시간을 끌다 9월 24일이 되었다. 이 무렵에는 전황이 자기들에게 크게 불리해진 걸 알았는지 며칠 전부터 북한 요원들의 얼굴에 당황한 기색이 역력하던 차였다. 저들 중에서 책임자가 이날

저녁에 황수영을 부르더니 창고 열쇠를 건네주며 말했다.

"우리는 이제 곧 북으로 돌아갈 거요. 황 선생도 몸조심하시오."

그들이 떠나는 걸 보고는 황수영은 열쇠를 들고 곧바로 이홍직 과장을 찾았다. 상황을 들은 그는 잘 되었다고 하면서 황수영에게 "앞으론 어느 누가 와서 창고 열쇠 내놓으라고 해도 절대 주면 안 되네." 하면서 신신당부했다. 인민군이 되었든 국군이 되었든 전시에 문화재를 수호하는 일은 우리 책임이니, 어떻게 하든 우리가 잘 관리하자는 얘기였다. 황수영도 이미 스스로 그런 다짐을 다지고 있었다. '이젠 누가 어떻게 위협하든 우리 유물만큼은 절대 내놓지 않으리라.' 9.28수복 이전 공산 치하의 박물관에서 유물을 지켜낸 일은 이렇게 이뤄졌다.

이 무렵 국군은 남쪽에서부터 마포 방면으로 진격해오고 있었다. 낮에 종묘에 파놓은 흙더미 위에 올라가 시내 쪽을 바라보니 멀리서 마치 콩 볶는 듯한 총소리가 연달아 들려 시가전이 벌어졌음을 알 수 있었다. 밤에도 시가전은 이어졌다. 덕수궁 안에도 포탄이 떨어지기 시작했고, 경복궁에도 사무실 바깥에 있는 방공호에 대피해 있던 어느 직원이 부상했다는 소식도 들려와 모두 전전긍긍하고 있었다.

덕수궁에 떨어진 포탄, 불길 속에서

북의 요원들이 물러간 후 정문인 대한문을 더욱 굳게 닫아놓았다. 하지만 국군이 입성하면 이곳을 올 테고 그러면 문을 열어줘야 하므로 예민하게 동정을 살펴야 했다. 건물 안에만 있으면 바깥에서 오는 어떤 기별을 알기 어려워 대한문 바로 앞에 있는 돌다리 밑에서 대기하고 있었다. 덕수궁이 외부와 격리되다시피 해 바깥 사정을 거의 알 수 없어서 불안감이 더했다.

27일 밤 전투가 최고조에 이르자 덕수궁 안으로 포탄이 잇달아 떨어지며 터졌다. 박물관 직원 전원이 석조전과 미술관 건물 앞에 집결해 있었는데 그때 떨어진 포탄 파편에 이홍직 과장이 맞고 말았다. 얼굴에서 피가 흐르며 멈추지를 않았으나 다행히 큰 부상은 아닌 듯했다. 응급처치 후, 황수영은 잇달아 터지는 포탄을 피해 담을 따라 건물과 석교를 왕복하면서 계속해서 바깥의 추이를 살폈다. 깜깜한 밤이 되면 언제 무슨 일이 일어날지 더더욱 몰라 여간 조마조마한 게 아니었다. 한번은 북쪽으로 후퇴하던 인민군 병사가 그를 발견하고는 "쏜다! 쏜다!"를 연발하며 총구를 겨누는 아찔한 순간을 맞기도 했다. 겨우 그를 달래서 보내고 나니까 온몸이 식은땀으로 범벅이 된 채 다리에 힘이 빠져 털썩 주저앉았다.

그날 밤 자정이 지났을 무렵 석조전 위층에서 갑자기 불길이 일어났다. 해방 직후 미·소공동위원회 사무실이던 곳이라 문서가 많았는데 여기에 포탄 파편이 떨어져 불이 붙은 듯했다. 불길은 더욱 커지며 내려와 아래층까지 번져버렸다. 그와 직원들이 놀랐으나 전화도 불통인 마당에 어디에 연락할 수도 없었고, 관내에 방화시설은커녕 방화수도 따로 준비된 게 있을 리 없었다. 사람들이 모두 나와 분수대 주변에 고여 있던 물에 양동이를 담아가서 불에 부었다. 새벽까지 이렇게 했으나 효과를 보지 못한 채 불길은 잡히지 않고 결국 아래층까지 옮겨붙고 말았다. 황수영은 발을 동동 굴렀다. 이대로 두면 석조전만 불타고 마는 게 아니라 유물을 놓아둔 옆 미술관 건물도 위험하겠다는 생각이 들었다. 다급한 마음에 두 건물을 잇는 회랑에 사다리를 걸어 놓고 그 위로 올라가 양동이에 담은 물을 쏟아부었다. 하지만 소용없었다. 새벽이 되면서 대부분 지쳐쓰러져 끝까지 불을 끄고 있는 사람은 거의 남지 않았다. 그는 계속 불을 끄자고 소리를 질러대며 동분서주했으나 역부족이었다.

28일 아침 무렵이 되어서야 불은 석조전 아래층부터 저절로 꺼졌다. 석조전은 전소하다시피 했으나 미술관 건물로까

6.25전쟁 당시 국립박물관
본관이었던 석조전(사진 왼쪽)과
정원 및 연못

지 번지지 않은 건 그나마 다행이었다. 석조전 아래층 서쪽 방에 가보니, 한쪽에 놓여 있던 커다란 금고가 불을 맞아 시뻘겋게 달아 있었다.

박물관을 떠나 새로운 길로

대포가 떨어지는 바람에 불길에 휩싸이기도 했던 유물을 몸 돌볼 새 없이 구하는 등 전쟁의 한복판에 고립된 박물관을 혼신으로 지켜냈지만, 그 직후에 황수영은 자신의 의사와 상관없이 박물관을 떠나야 했다. 전쟁이 일어나자마자 공산당 치하가 된 탓에 서울에 있던 기관들은 거의 모든 기능이 정지될 만큼 어려운 상황이었다. 어떻게 보면 어쩔 수 없는 상황이겠지만, 그래도 국립박물관만큼은 모든 직원이 변함없이 제 자리를 지키고 맡던 일을 계속해나갔다. 하지만 나중에 오히려 그게 문제가 되었다. 9.28수복 후 후퇴했던 정부가 돌아오고 공권력도 어느 정도 회복되자 정부에서 공산 치하 기간에 그들에게 협력한 사람들, 이른바 '부역인附逆人'을 찾아내기 시작했다. 국립박물관도 조사를 받는데 특히 관장이 부재하여 그 권한을 대신했던 이홍직 과장은 청와대와 경찰서에까지 불려 갔으나 다행히 별일 없이 끝났다. 그래도 공산당의 지시를 받은 게 문제가 되었는지 박물관으로부터 퇴진을 종용받았고, 황수영에게도 마찬가지로 나가야 한다는 통지가 왔다. 1950년 11월, 초겨울의 스산한 바람을 맞으며 아쉬움을 뒤로 한 채 정든 박물관을 떠나야 했다.

당시 전세는 서울에 입성한 국군이 유엔군과 함께 기세를 타며 계속 북으로 진격해 곧 통일도 될 듯했다. 그러나 중공군의 총공세에 막혀 일진일퇴하다가 결국 한겨울에 다시 후퇴하니, 이른바 1.4후퇴이다. 지난 몇 달 끔찍했던 공산 치하를 겪어봤기에 전쟁 발발 당시보다 더 많은 사람이 남쪽으로 피난길에 올랐다. 그도 가족과 함께 꼭 필요한 짐만 챙겨 소가 끄는 마차를 타고 서울 집을 떠났다. 개성에서부터 가져온 고유섭의 유고는 당연히 소중히 챙겼다. 아내와 아이들은 수원에서 가까운 신갈의 농가에서 지내도록 하고, 동서인 최한국과 둘만 채비를 가볍게 하고서 부산을 향해 걸었다. 대전에서 우여곡절 끝에 대구로 가는 환자 수송 버스를 얻어타고 대구에 내린 뒤 다시 걸어서 삼랑진까지 가서 부산으로 들어갔다.

부산에서 보낸 피난 생활 몇 년은 아주 힘들었다. 그래도 그 무렵의 피난민이라면 모두 겪었던 고난이었기에 그는 큰 회한은 없었다. 다만 훗날 그는 이 시기를 떠올리며, "전장에서 다시 허허벌판의 거리로, 귀중한 세월을 이러면서 다 허비했었지."라며 길게 탄식했다. 한창 공부를 연마하던 시기에 공백기가 생긴 게 너무 아쉬웠던 것이다. 평생 학문에 매진했던 그에게도 단 한 번 정체기가 있었으니 바로 이때였다.

그렇지만 아주 손을 놓은 건 아니었고 기회가 되는 대로 공부와 인연의 끈을 계속 붙잡으려 했다. 피난 중임에도 두계斗溪 이병도李丙燾(1896~1989)와 세미나에서 토론을 벌인 일이 그런 예이다. 전쟁이 한창인 1952년 3월 사학계는 임시 수도 부산에서 역사학회를 창립하고 기관지 창간호도 발간하는 등 학회 활동을 펼쳐나갔다. 이병도는 『역사학보』 창간호에서 「서동薯童 설화의 신고찰」이라는 논문을 발표했는데, 여기서 익산 미륵사지 서탑을 세운 연대를 백제가 공주를 수도로 삼았던 475~538년 사이라고 주장했다. 그런데 그 이전에 고유섭은 『삼국유사』에 나오는 대로 백제 무왕 대인 600년으로 본 바 있었다.

김재원 관장의 주선으로 학회 창립 기념학회에 참석해 발표할 기회를 얻은 황수영은 슬라이드를 보여주며 이병도의 주장에 반론을 폈다. 이병도는 서울대 교수로서 당시 국사학계의 중진이었기에 황수영은 발표하면서 다소 긴장도 되었다. 그런데 이병도는 맨 앞자리에 앉아 경청하고는 질문도 하며 큰 관심을 보였고, 발표가 끝나고 나서도 "잘 들었네."라고 했다. 자신과 다른 견해를 했음에도 오히려 반가워하며 학문적으로 다소 의기소침해 있던 황수영을 격려해 준 것이다. 사실 이병도와 고유섭은 한국의 언어·문학·역사·민속·미술 등 한국문화를 연구하겠다는 목적으로 1934년 3월 창립한 진단학회 창립 동인이었다. 개성박물관도 몇 번 찾아가기도 했던 사이였다. 그는 고유섭이 아끼던 제자가 열심히 공부하는 모습을 보니 대견하기도 하고, 또 한편으로는 먼저 떠난 옛 동인이 생각나기도 했던 것 같다. 그래서 동료를 다시 대하는 것 같아서 기뻤던 듯하다.

　　미륵사지 서탑이 무왕 대에 세워졌다는 고유섭과 황수영의 주장은 1970년대 이후 학계에서 정설로 인정받았다. 그리고 2009년 서탑을 수리하던 중 639년에 탑 안에 넣은 사리장엄舍利莊嚴과 〈사리봉영기舍利奉迎記〉라는 금판에 새긴 기록이 나옴으로써 이 주장이 사실로 확인되었다.

전쟁으로 사라진 문화재들

6.25전쟁 중에 사찰이나 야외에 있거나 개인이 소장하던 유

물들이 포격이나 사격, 화재 등으로 없어지거나 파손된 사례가 전국에서 말할 수 없을 만큼 많았다. 경복궁만 하더라도 경복궁 궁전 중 하나인 만춘천萬春殿이 포격을 받아 완파되면서 안에 있던 유물도 함께 사라져버렸다. 일제강점기에 경복궁 안으로 옮겨진 고려 부도인 '원주 법천사 지광국사현묘탑'도 포탄으로 크게 손상되었고 경복궁 정문인 광화문도 불타 없어졌다. 또 동작동 남묘南廟*도 전소되다시피 했다. 대학교 박물관도 사정은 비슷했다. 남산 기독교박물관, 대구시립박물관 등의 유물이 어수선한 상황 속에서 일부가 흩어져 없어진 것이다. 또 개인 소장 문화재도 피해가 커서 장택상張澤相(1893~1969)이 갖고 있던 보물 '청화백자 진사 도문병'이 폭격으로 사라져버리기도 했다. 그 밖에 정확히 알려지지는 않았으나 북한 지역 문화재 상당수도 마찬가지로 큰 피해가 났을 것임은 물론이다.

    지방에서는 특히 명찰과 지역의 크고 작은 절들에서 피해가 컸다. 당시 보물로 지정된 보림사 대웅전, 송광사의 백설당·청운당, 관음사의 금동관음보살좌상·원통전 등의 문화재가 불타 없어졌다. 또 『조선왕조실록』을 보관하던 월정사 사고史庫도 사라졌다. 1948년 강원도 양양 선림원지에서 출토했던

*일명 관왕묘

신라 범종이 불에 타버린 것도 이때였다. 황수영은 특히 이 범종이 사라진 데 대해 오랫동안 가슴 아파했다. 이 범종은 그와 특별한 인연이 있었기 때문이다.

　　이 범종은 1948년 절터 옆에서 화전을 일구던 사람이 집의 부엌을 고치려고 바닥을 파다가 발견했다. 직후 국군이 이 범종을 월정사로 옮겼고 이후 1950년 1월에 학술조사가 처음 이루어졌다. 그때 조사를 담당했던 이가 바로 국립박물관에서 파견된 황수영이었다. 한겨울임에도 불구하고 그는 해방 이후 처음으로 발견된 이 신라 범종을 보며 환희에 차기도 했었다. 그는 조사 후 사찰과 협의 하여 월정사 마당에 범종각을 지어 관리가 되도록 조치했다. 그러나 범종각 신축이 늦어지면서 스님들의 거처인 요사의 벽에 기댄 채로 한참동안 놓여져 있었다. 그러다가 전쟁 중에 월정사 주변에서 벌어진 전투의 여파로 요사가 불에 타면서 범종도 그만 함께 녹아버린 것이다. 전쟁이 끝나고 이 범종이 소실되었다는 소식을 들은 황수영은 오랫동안 가슴 아파했다. 그래서 서울이 수복되자마자 올라와 월정사로 찾아갔고 불에 타고 남은 파편이나마 잘 모아 국립박물관이 보관토록 주선했다. 황수영은 훗날 자신이 특히 범종 연구에 매진하고 중요한 성과를 많이 낸 까닭은 바로 전쟁 중

6.25전쟁으로 부서진
선림원지 출토 범종을 바라보며

에 '박명薄命 한 이 비운의 신라 범종에 대한 미안함' 때문이었다고 회고하였다.

　　이렇듯 6.25전쟁으로 전국의 문화재가 큰 상처를 입은 데에 비해서 국립박물관 유물의 피해가 거의 없었던 것은 앞에서 얘기한 것처럼 경복궁으로부터 덕수궁미술관으로 유물을 옮겨 보관했던 게 효과를 보았기 때문이다. 여기에다가 자기의 몸보다도 더 소중히 생각했던 황수영이 보여준 행동에서 보듯이 박물관 직원들의 헌신적인 노력이 더해졌던 덕분이었다.

4.
대학에서 시작한 연구와 제자 양성의 길

휴전 후 황수영은 서울로 올라왔다. 수원에 피신해 있던 가족들도 데려와 오랜만에 함께 다 모였다. 하지만 사회가 아직 여러모로 불안하였고, 또 갑자기 박물관을 나오느라 다른 할 일은 준비가 안돼 당장 생활이 걱정이었다. 그런데 다행히 같은 고향인 윤장섭尹章燮(1922~2016)의 도움으로 그가 운영하는 '서울농약'의 전무를 맡게 되었다. 윤장섭은 개성공립상업학교 학생 때 개성박물관에서 고유섭의 특강을 듣고 문화재에 대한 열정을 키웠던 인연이 있었다. 서울에서 사업을 일구며 자리를 잡은 다음에 황수영의 권유로 호림박물관을 세우는 등 훗날 전형필·이병철과 더불어 국내 3대 문화재 수집가 중 한 사람으로 불릴 만큼 우리 문화재를 아꼈던 사람이다.

　이렇게 당장 호구책은 마련했으나, 사실 그는 속으로 무척 상심해 있었다. 박물관에서 온 힘을 다해 박물관과 유물을 지켜냈으나 그 뒤 자신에게 돌아온 건 박물관을 나가라는 퇴사 명령이었다. 그 여파로 부산에서 피난 갔다가 돌아온 뒤로도 그는 한동안 갈피를 잡을 수 없을 만큼 심란해 있었던 것이다. 그의 표현에 따르면 '거리에서 방황하는 기분'이었다고 한다. 한동안 공부는 잊어버리고도 싶었다.

그런 그에게 학문의 길로 돌아가라고 권한 이가 홍사준이었다. 홍사준은 당시 부여박물관 관장이었는데 서울에 올라올 때마다 그를 찾았고, 만나서는 "황 선생, 힘들다고 이렇게 다른 일 하지 말고 어서 다시 공부의 길로 가세요."라고 말하곤 했다. 그냥 하는 말이 아니라 진심을 담아 하는 말이었다. 황수영은 그저 웃어넘기며 얼버무렸으나 만날 때마다 그가 곡진하게 하는 말에 드디어 마음이 움직이기 시작했다. '은사의 학문을 이어나가겠다고 결심하여 스스로 미술사 공부의 길로 들어섰고, 지금까지 내 나름대로 열심히 해오지 않았던가? 힘든 일을 당했다고 물러서면 과연 은사를 뵐 낯이 있을 것인가?' 하는 생각도 들었다.

결국 어려워도 다시 공부하자고 마음먹었다. 마침 대학 강사직도 나와 연구와 강의를 이어가며 다시 공부에 매진하게 되었다. 당시 강사 급여로 네 식구가 생활하기는 여간 버거운 게 아니었다. 훗날, 홍사준이 "괜스레 공부를 강권해 넉넉지 못한 생활을 감수하는 불편을 준 게 아닌가 싶어서 몇 년간 속으로 마음이 아팠다"라고 털어놓을 땐, 자신을 생각해준 그가 눈물이 왈칵 날만큼 고맙게 느껴지기도 했다. 황수영은 이에 대해 "만일 홍사준 선생이 내게 간곡하게 권유하지 않았더라면 다시 공부할 기회를 못 잡았을 터이고, 이후 전혀 다른 길을 걸었을 것이다. 내가 마음을 다잡는데 좋은 말씀을 해주었던 선생에게 큰 은혜를 입은 셈이다."라고 말하기도 했다. 두 사람은 그 뒤로도 학문의 도반으로 서로를 존경하며 많은 영향을 주고받았다.

  1954년 4월부터 서울대를 비롯해 동국대, 고려대, 연세대, 건국대 등에 강사로 출강했다. 비록 한 자리에 붙박지 못했으나, 여러 학생을 가르치면서 자신의 공부에도 더욱 깊이를 주는 시간이기도 했다. 『논어』에 나오는 '교학상장敎學相長', 곧 남을 가르치는 게 내 공부에도 도움을 준다는 말이 딱 들어맞았다. 또 강의를 통해 학생들에게 미술사라는 학문을 소개할 수 있었던 것도 이때 얻은 큰 소득이었다. 이후 우리나라 미술사학계 대들보로 성장한 중진 학자로서 이 시기에 황수영의 영향을 받은 이가 적지 않은 것이다.

그중 가장 가깝게 은사를 모시며 평생 그의 가르침을 실천한 이로 정영호鄭永鎬(1934~2017)·정명호鄭明鎬(1934~) 등을 꼽을 수 있다. 이들은 미술사학계에서 가장 아름다운 사제관계로 꼽히곤 한다. 정영호는 단국대학교 사학과, 한국교원대학교 역사교육과 교수를 지냈으며 '단양 고구려 적성비' 발견 같은 한국 고대사에서 중요한 업적을 남겼다. 그는 서울대학교 사범대학 역사교육학과에 입학한 해인 1953년부터 황수영에게서 배웠다. 미술사에 관심을 두고 입학했으나 우리나라에 미술사학자라고 불리는 사람이 손꼽을 정도로 적었기에 어떻게 공부해야 할지 몰랐다. 그래서 고고학을 강의하는 손보기孫寶基(1922~2010) 교수에게 찾아가 물어보았다. 손보기는 서울대 국사학과 1기 졸업생으로 '한국 구석기시대 연구의 아버지'로 불린 고고학자이다. 정영호의 질문을 받은 손보기는 망설임 없이 조언해주었다.

"고고 미술을 공부하려면 황수영 선생한테 배워야겠지. 황 선생은 우현 고유섭 선생의 수제자이고 이 방면 제일의 학자일세. 마침 이번 학기에 서울대에도 강의 나온다니 그분을 한번 찾아뵙게."

그는 그 길로 황수영을 찾아가 배움을 청하고 황수영의 첫 제자가 되었다. 그는 스승 황수영이 없는 자리에서 그를 가리켜야 할 때면 언제나 이름이나 직함이 아니라 "내 선생님"이라고 부르곤 했다. 그가 그만큼 평소 황수영을 믿고 따랐음을 알기에 이 둘을 아는 사람치고 이 말을 이상하게 듣는 사람은 없었다. 또 한 명의 제자는 우리나라 공예기술사 분야에서 최고 전문가의 하나로 꼽히는 정명호이다. 그는 황수영이 연세대학교 사학과에 출강할 때 그의 수업을 듣고 미술사를 공부해야겠다고 맘먹었다. 한 학기가 다 갈 때쯤 황수영을 뵙고 자신의 결심을 얘기하자 그가 이렇게 대답했다.

"공부를 제대로 하려면 앞으로 '장長'자 붙은 자리는 맡지 말게. 집에서 가장도 하지 말고, 회사에 가면 과장도 하지 말고, 또 학교에 가게 되거든 학장도 하지 말아야 하네. 그런 마음가짐으로 공부해야만 하네."

훗날 정명호는 "정작 선생님 당신께서는 나중에 국립박

1970년대 동국대학교 교수 시절
연구실에서

물관장도 하고 대학의 총장도 하셨으면서 그때 내게는 그렇게 말씀하셨다니까!" 하며 미소 짓곤 했다. 물론 제자의 진심과 소질을 꿰뚫어 본 선생이 공부에 전념하라고 해준 덕담인 걸 잘 알고 있었다.

그는 이렇게 공부도 하고 가르치기도 하며 바쁘고 즐거운 나날을 보냈다. 그래도 공부하는 사람이 한곳에 뿌리를 내리지 못하면 결실을 이루기 어렵기 마련이다. 그도 속으로는 '이제 어디 자리를 잡고 해야 할 텐데……' 하며 약간 초조해하던 참에 마침 좋은 기회가 찾아왔다. 1955년 동국대 불교대학 학장으로 있던 효성曉城 조명기趙明基(1905~1988)가 추천하여 동국대학교에 전임강사로 임용된 것이다. 이후 동국대학교는 평생 그에게 학문의 보금자리가 되어주었다.

황수영을 천거했던 조명기는 저명한 불교학자로, 1931년 중앙불교전문학교를 졸업하였고, 1945년 중앙불교전문학교에서 이름이 바뀐 혜화전문학교에 부임한 뒤, 1964년에는 혜화전문학교를 이은 동국대학교 총장이 되는 등 불교학계와 인연이 두터웠던 분이다. 황수영은 처음 불교대학 인도철학과 소속이었다가 1974년에 문리대 사학과로 옮겼고, 1982~1985년 총장을 지낸 다음 1986년에 정년을 맞았다.

5.
일본에서 되찾아온
우리 문화재,
한일 문화재 반환위원회

해외 유출 문화재를 환수하기 위한 노력

해외에 유출되었던 우리나라 문화재가 되돌아왔다는 뉴스는 언제나 화제가 된다. 근래 국공립 기관뿐만 아니라 사찰과 개인도 나서서 세계 각국에 흩어져 있던 우리나라 문화재들의 소재를 알아내 환수를 적극적으로 추진하고 있다. 최근 2022년 7월 영국으로부터 조선 국왕이 사용하던 옥새를 보관하는 보록寶盝이 환수된 게 그 한 예이다.

그런데 이들이 돌아오는 경로는 다양하다. 주로 2012년 문화재청 산하 법인으로 설립된 '국외 소재 문화재 재단'이나 국립중앙박물관·국립문화재연구소 같은 공기관이 소더비·크리스티 같은 해외 유명 경매 회사에서 사서 온다. 또 해외 소장자 혹은 소장처가 우리에게 기증하는 미담도 간혹 소개된다.

개인 소장가가 해외에서 직접 구매해 가져오는 예도 있는데, 이런 경우는 대체로 사람들에게 알리지 않으려 해서 대중이 알기 어렵다.

우리 문화재를 되찾아오는 노력이 계속되고는 있으나 아직 우리나라 문화재는 해외에 많이 남아 있다. 국외 소재 문화재 재단이 추산하기로는 2022년 8월 현재 소재가 확인된 것만 214,208점이라고 한다. 이 문화재들은 선사시대 유물부터 조선시대까지 전 시대에 걸치며, 불상·불화·사리장엄·고려청자·조선백자·나전칠기 등 우리나라 대표 유물은 물론이고 고대 왕릉에 묻혔던 부장품, 조선시대에 쓰던 실생활 용구, 민속품 등이 아주 다양하다. 그중에는 국보나 보물급에 해당하는 희귀하고 작품성이 뛰어난 문화재도 적지 않다. 대부분 고려말 잦았던 왜구의 침략, 임진왜란과 정유재란, 일제강점기 그리고 6.25전쟁 등 나라가 극도로 혼란했거나 주권을 잃었을 때 많이 유출되었다.

우리 문화재가 해외에 유출된 경위는 대부분 약탈이나 탈취 등 불법적 방법이거나, 폭력적이지는 않았어도 외국인이 우리나라에 와서 소유주가 명확하지 않은 유물을 임의로 가져간 것이다. 우리나라뿐만 아니라 이집트, 인도, 동남아시아 등

주로 18세기 이후 식민지가 되거나 침략을 받은 나라에서 문화재를 유출 당했다. 대부분 강압적 방법이 동원되었다. 국제법상 이렇게 유출된 유물은 무조건 원 소유 국가에 돌려주도록 규정되어 있어서 이에 따라 근래에 문화재 반환 운동이 활발히 일어나고 있다. 하지만 국가 간 일이라 법 집행의 실효성이 낮아 유출된 문화재가 반환되는 사례는 드물다.

그런데 우리는 이미 1950~1960년대에 걸쳐 불법 유출된 해외 문화재를 되찾아 온 적이 있다. 국가 간 공식 회담을 통해 유출 문화재를 되찾은 첫 사례이기도 하다. 한국과 일본이 국교 정상화를 위한 1952년 시작한 한일회담은 1965년에 결실을 이루는데, 이때 현안 중 하나로 '한일 문화재 반환 회담'이 열렸다. 그 결과 두 차례에 걸쳐 일본에 있는 우리 문화재 1,536점이 반환되었다. 그리고 이 회담의 중심에는 바로 황수영이 있었다.

일제강점기에 파헤쳐진 고려청자와 석굴암의 관음보살상, 불탑

해방 이후 최초로 열리게 된 역사적 한일회담에서 문화재 반환 문제가 중요한 의제 중 하나로 양측의 협상 테이블에 올려지게 된 데는 다 까닭이 있었으니, 고려시대 왜구의 침략부터

1965년 한일 문화재 회담으로 되찾아온 경주 황오동 고분 금 귀걸이

임진왜란 그리고 일제강점기에 이르기까지 일본이 저지른 문화재 불법 유출이 너무나 심각했기 때문이다. 특히 일제강점기에는 대규모 문화재 훼손 및 유출이 자행되었다.

일제강점기에 일제가 우리 문화재를 침탈했던 행위의 구체적 사례는 크게 세 가지였다. 고분을 발굴 또는 도굴해서 부장품을 가져간 것, 사찰에 침범해서 무단으로 불상, 불화, 범종 등을 가져가고 돌보는 이가 아무도 없는 절터에 자리한 탑과 부도 등을 그대로 가져간 것, 조사를 명목으로 하여 각종 기관에 보관된 문서와 책자 등을 반출한 것 등이다.

예를 들어 지금 정작 우리나라보다 일본에 훨씬 많은 고려청자는 일한병합을 전후한 시기에 일본인이 개성·강화도에 있는 고려 왕릉을 대거 도굴해 가져간 것이 대부분이다. 이런 만행을 막기는커녕 오히려 몰래 뒷받침까지 한 건 초대 통감으로 조선에 온 이토 히로부미伊藤博文였다. 그는 이런 행위를 눈감아주며 그렇게 나온 고려청자를 구매하기까지 한 것이다. 1910년 일한병합 직후 그는 순종 황제를 위로한다며 고려청자 1점을 바쳤다. 그러자 순종이 놀라서 눈이 휘둥그레지며 물었다.

"도대체 이 귀한 물건이 어디서 나온 것이오?"
"……"

이토 히로부미는 아무 말 없이 침묵했다. 차마 왕릉을 파헤쳤다고 말할 수가 없어서다. 그는 일본 천황에게도 '헌상품'으로 고려자기 100점을 바쳤다. 이런 일화는 바로 우리 문화재 침탈이 조선에 파견된 일본 고위 관료의 묵인, 방조 아래 이루어졌다는 사실을 방증한다. 일한병합 직전 일본 도쿄에서 열린 '고려자기 대전람회'에 출품된 1,000점에 가까운 고려자기도 거의 다 조선에서 왕릉 등을 파헤쳐서 얻은 것이었다. 수천, 수만에 이르는 고려자기가 이런 경로를 거쳐 일본과 세계 각국으로 흩어졌고, 조선백자도 마찬가지로 다수가 이때 일본으로 건너가 민간이나 민예관民藝館 등으로 흘러갔다. 그리고 이렇게 반출된 신라 토기, 고려청자, 조선백자 20점 정도가 지금 일본의 국보, 중요 미술품으로 지정되어 있다. 황수영은 이런 사실을 잘 알고 있어서, 일찍이 1959년 7월 24일 〈평화신문〉에 '지방에 있어서 고분을 도굴하는 악습은 일제가 이 땅에 남기고 간 유풍 중에서도 가장 악질적인 것의 하나다.'라고 기고하기도 했었다.

사찰 문화재도 침탈을 면치 못할 정도였기에, 당시 부속 암자 격이었던 경주 석굴암은 더더욱 큰 피해를 입었다. 1920년대에 일본이 주도한 석굴암 보수 때 안에 있던 유물 일부가 사라진 것이다. 석굴암은 8세기 신라 미술과 건축기술의 수준이 어느 정도였는지 보여주는 최고의 걸작이다. 이 불상을 가까이서 보면 오른쪽 엉덩이에 실금이 나 있는데, 석굴암 보수 전후로 불상 안에 사리장엄 같은 보물이 있는가 보려고 일본인이 깨트렸던 흔적이라고 알려져 있다. 또 본존불 뒤로 인자하고 아름다운 얼굴이 돋보이는 11면 관음보살상도 큰 상처를 입었다. 관음보살상이 머리 위에 쓴 보관 주위로 본래 10개의 작은 관음보살 얼굴이 부조로 새겨져 있었는데, 하나를 떼어내 가져간 것이다. 지금 관음보살상에 그 사라진 흔적이 남아 있다.

또 이 관음보살상 앞에 작은 대석臺石*이 놓이고 그 위에 대리석으로 만든 5층 보탑이 있었다. 그런데 경주박물관장을 지낸 모로시카 히사오諸鹿央雄의 강연 초록「경주의 신라시대 유적에 대하여」에 따르면 1909년에 소네 아라스케曾彌荒助 통감이 경주에 다녀간 뒤 사라졌다고 한다. 사실 이 정도에 그치지 않고 총독부가 석굴암 전체를 옮길 계획도 했다는 정황도 있다. 대한제국에 초빙되어 경주 군에서 근무하던 기무라 시즈오木村靜雄가 쓴 회고록『조선에 노후老朽하여』를 보면, 소네 아라스케 통감이 경주 군수에게 '불국사 주조불鑄造佛과 석굴암 전부를 경성으로 수송하라'라는 명을 내렸다고 나온다. 이 폭거는 기무라 시즈오 같은 양심 있는 관리가 반대하고, 무엇보다도 그런 움직임을 알게 된 경주 군민들의 저항으로 실현되지 않았으나, 당시 일본이 우리 문화재를 가져가려고 얼마나 혈안이 되어 있었는지 알 수 있는 일화이다.

　　한문 고서적으로는 강원도 오대산 사고史庫에 보관되던『조선왕조실록』이 테라우치寺內 총독 재임 당시에 일본인 역사학자 사라토리 구라키치白鳥庫吉의 요청 형식을 빌어서 도쿄제국대학교로 반출되었다. 그러다가 1923년 대지진으로 대부분 불타 사라지고 현재는 일부만 전한다. 이처럼 한국사를 연구했던 일본인 역사학자들이 수집해서 가져간 전적과 고문서 상당수가 일본 각 도서관 등에 있다. 민간 학자뿐만 아니라 통감부가 나서서 고문서를 수집했는데 일본 궁내성宮內省**의 도서관 격인 도서료圖書寮에 소장된 막대한 한국 전적이 그것이다. 그나마 일본에 반출된 도갑사 고려 사경 7권은 1969년 한 재일교포가 사들인 후 우리나라에 기증하여 국보로 지정되

*받침돌
**일본 왕실 사무 기관

어 지금 국립중앙박물관에 소장된 것은 다행이었다.

국가 간 문화재 환수의 효시가 된 '한일 문화재 회담'

한·일 양국 간의 아픈 과거를 치유하고 발전적 관계를 모색하기 위해 국교 정상화의 필요성이 제기되어 해방 후 처음으로 1952년 2월, 양국 대표단이 만나 공식 대화를 시작했다. 이후 13년간 7차례에 이르는 긴 마라톤 협상 끝에 1965년 6월 드디어 그간 회담 테이블에 올랐던 모든 의제에 대한 합의가 이뤄졌다. 회담의 주요 의제는 재일在日 한국인 국적 및 법적 지위, 어업·선박, 그리고 문화재 반환 문제 등이었다.

문화재 반환 문제 논의 역시 1952년에 본 회담과 동시에 시작했으나 진행은 더디고 성과는 많지 않았다. 회담 초반, 아무래도 정치적 이슈가 큰 본회담의 의제들 위주로 회의가 진행되다 보니 대중의 관심도 주로 여기에 쏠렸기 때문이기도 하지만, 사실 큰 걸림돌은 역사와 관련된 사안으로 일본의 회피 전술을 논박하기 쉽지 않았기 때문이다.

일본 대표는 '한국이 반환 대상 목록을 먼저 제시하면 그중 부담이 없는 것을 돌려주는 방식'을 취했다. 이런 전략이 나온 것은 한국이 짧은 회담 시간 내에 일제강점기 동안 유출된 문화재를 과연 얼마나 체계적으로 파악할 수 있을 것이며, 또 이를 입증할 능력이 있겠는가 하고 얕봤기 때문이다. 당시 한국 학계의 실력을 과소평가 한 것이다. 실제로 1958년 4월 15일 도쿄에서 끝난 제4차 회담의 결과 도쿄국립박물관이 소장하고 있던 1918년 발굴된 창녕 교동 고분군 31호분 출토 유물 106점이 일괄 반환되었다. 물론 이 유물의 가치가 낮은 것은 아니고, 또 이마저도 적지 않은 시간이 걸려서야 성사되기는 했다. 그렇지만 이 정도 가지고는 분명 우리가 당초 목표했던 수준이라고 할 수는 없었다.

그래서 일본이 제시한 반환 예정 목록을 살핀 황수영 등 우리 '보존회 소위원회' 위원들이 우리가 제시한 목록이 전혀 반영되지 않았고 미술품으로서 가치가 높지 않은 점, 또 실상은 유리 7개로 이뤄진 목걸이 하나인데 이를 7점이라고 의도적으로 수를 부풀린 점 등을 들어 수용해선 안 된다고 주관부처 문교부에 건의했다. 그러나 어쩐 일인지 정부에서 일본 안을 받아들이라는 훈령이 내려왔다. 정부로서는 서둘러 성과를 내는 데만 급급했다고 보인다. 또 문화재 관련 소위원회 회의를 12차례 열며 나름 노력했으나, 일본 정부가 이른바 '평화선' 문제 같은 외교 현안을 들며 회담에 나서야 할 일본 문화재 관련 전문위원을 출석하지 않게 하는 등 일본측 책략에 말린 것도 사실이었다.

한일회담 대표단은 1961년 진열을 정비해 문화재 반환 문제를 다룰 우리 대표로 황수영을 선임해 협의를 지휘하게 했다. 1961~1965년 6차·7차 본 회담이 열렸는데 이때마다 황수영은 아주 치밀하게 준비해 회담에 나섰다. 일본에 끌려다니며 만족할 만한 성과를 못 냈던 경험을 반성하며, 그는 최대한 양보와 협력을 끌어내기 위해서 외교 현안과 문화재 반환 문제를 분리하도록 하는 한편 일본의 "문화재 침탈이 아니다"라는 주장을 논리적으로 무너뜨려야 하겠다고 생각했다.

당시 일본은 '조선총독부가 했던 고적 조사 사업만큼은 영구히 자랑할 수 있는 문화 정책'이었다고 하거나, 따라서 '동서 고대문화 연구에 기여했다.'라는 주장을 펴면서 피해 나갔다. 이런 억지에 대해 황수영을 비롯한 한국 대표들은 '고적 조사가 활발했음은 사실이나, 그렇다고 해서 그것이 우리 문화유산을 파괴하고 약탈했음을 정당화할 수 없다'라고 논박했다. 황수영은 이미 폐기된 일제강점기 고적 조사 사업의 연도별 문서를 찾아내고, 당시 총독부 일본인 관원이 작성한 〈출장복명서〉 등 국내외 문서를 샅샅이 훑었다. 문화재가 있던 자리를 답사해 반출된 흔적을 확인하고 또 주변 마을 사람들 목격담과 증언도 하나하나 기록했다. 이렇게 꼼꼼하게 마련한 증거를 회담 중 일본 대표에 제시함으로써 그들이 변명하거나 부인할 수 없게 만들었다.

예를 들어 도쿄국립박물관에 소장된 우리나라 고분 출토품이 약 3,000점에 달한다는 점, 조선 초대 통감 이토 히로부미가 귀국해 일본 왕에게 고려자기 100점을 바쳤고 그 일부가 도쿄국립박물관으로 옮겨졌다는 사실 등이 황수영에 의해서 알려졌다. 또 '우리 일본에 있는 고려자기는 몇만에 이를 것', '이 자기들은 모두 메이지·다이쇼·쇼와 3대에 걸쳐서 도래되었다', '조선에도 없는 명품 자기들이 우리 일본에 들어오고 있다' 등 일본 내 기록을 찾아냄으로써 반출 사실을 밝혀내기도 했다. 뿐만 아니라 일본 총독 데라우치가 25,000원*에 사들인 조선의 서화書畫·불상·전적 등이 그의 저택에 지어진 조선관朝鮮館에 소장된 사실도 확인하였다.

돌아온 우리 문화재

1961년 10월, 제6차 회담에 나선 황수영 등 우리 대표단은 결의가 대단했다. 전과 달리 문화재 반환을 요구하는 논리를 훨

*현재 화폐가치로 약 3억 원 상당

씬 잘 갖추고, 피상적이거나 도덕성에 호소한 관념적 주장이 아니라 어떤 문화재가 어떻게 훼손되었는가 하는 사례를 자료와 증인 등을 분명하게 제시했다. 또 우리의 사찰이나 기관에서 무단으로 가져간 정황을 지적함으로써 그 불법성을 분명하게 밝혔다. 일본은 비로소 이전처럼 '우리가 그렇게 했던 사실이 없었다.'라는 모르쇠 전략이나 '결과적으로 조선이나 동아시아 문화 발전에 이바지했다.'라는 억지 주장으로는 한국 측 주장을 피해갈 수 없다는 걸 알았다. 무엇보다도 우리가 근거를 제시하며 '그렇게 반출된 문화재가 지금 일본 어디 어디에 몇 점이 있다'라며 상세하게 지적하는 데는 인정하지 않을 도리가 없었다.

그런데 한국 대표단의 이런 날카로운 지적을 피하기 위해서였는지 갑자기 이해할 수 없는 '언론 플레이'가 나왔다. 1964년 12월 마지막 7차 회담이 시작하기 직전, 일본 주요 일간지에 일제히 이상한 기사가 실렸다. 한일회담 중에 한국이 왕인王仁 박사가 일본에 처음 전해주었다는 『천자문』과 호류지法隆寺의 '백제관음상' 반환을 요구했다는 보도였다. 한마디로 말도 안 되는 억측이었다. 『삼국사기』에 나오는 백제가 일본에 전해주었다는 그 특정의 천자문 책이 지금까지 남아 전할 리 없다. 또 백제관음상은 전하는 기록이나 양식으로 보더라도 삼국시대에 일본으로 전해졌을 가능성은 크지만 이는 국가 간 전래인 데다가 이미 일본 국민에게 최고의 국보로 여겨지는 작품인데 우리가 이를 달라고 할 수가 있었을까? 이런 거짓 보도는 한국이 상식적 판단이 아니라 감정적으로 부당하게 요구한다고 보이게 함으로써 회담의 분위기를 흐트러뜨리려는 장난이었을 것이다. 그만큼 일본 측이 회담에 임하는 우리의 확고한 태세에 당황하고 있었다는 의미이기도 했다.

7차 회담은 13년이라는 긴 시간에 걸친 한일회담을 마무리하는 마지막 자리였다. 1958년 회담이 열린 초기부터 양국은 일본이 조선을 강제 병합하여 큰 피해를 준 데 공감하고, 한국이 피해에 대한 보상을 청구한다는 흐름으로 가닥을 잡았었다. 그래서 청구의 구체적 내용과 금액 산정을 위해 양국 대표가 참여하는 '청구권 위원회'를 구성하였다. 문화재 분야도 처음에는 여기에서 논의하기로 했었으나, 우리가 문화재는 건물이나 토지 등과는 달리 전문지식이 필요하므로 별도 소위원회를 두고 논의하자고 주장했다. 일본은 문화재 반환 문제는 정치·외교 현안에 곁들여지는 구색 정도가 되기를 바랐다. 또 피해 보상으로 현금을 낼 용의는 있어도 자기 나라에 와있는 문화재를 돌려줄 생각은 없었다. 그래서 처음에는 문화재 소위원회 구성을 반대하고 아주 소극적으로 임했으나 결국 우리의 끈질긴 요청에 따르지 않을 수 없었다.

    양국 대표단이 만나 진행하는 문화재 소위원회의 분위기는 일본이 훼손하고 반출한 사실을 우리가 증명하고, 일본이 처음엔 반론을 펴다가 나중에는 마지못해 일부만 겨우 인정하는 과정이어서 시간이 훨씬 많이 걸리기에 늘 본회담에 앞서 먼저 열리곤 했었다. 마지막 소위원회도 본회담보다 일찍 시작하면서 이번을 최종 회담으로 하자고 합의했던 만큼 회의에 참여한 양측의 긴장감이 어느 때보다도 높았다. 우리는 뺏긴 문화재를 최대한 많이 되찾아야 했고, 일본도 우리가 요구하는 대로 다 인정할 수 없는 상황이었기에 며칠을 밤새워가면서 토의를 거듭하는 등 회의는 난항에 난항을 거듭했다.

    가장 어려웠던 문제는 앞서 말한 이토 히로부미가 가져가 메이지 천황에게 '헌상품'으로 바친 고려자기 103점이었다. 우리는 이를 전부 되돌려 받으려 했으나, 일본이 그중 몇 점은 꼭 남겨야 한다며 좀처럼 물러서지 않은 것이다. 결국은 우리가 양보하는 대신 다른 문화재를 목록에 추가하는 것으로 타협을 했다. 그래서 최종 반환 목록에는 도자기 97점, 고고 자

1965년 한일 문화재 회담으로
돌아온 한송사지 석조 보살좌상
(현 국립중앙박물관)

료 338점, 석조 미술품 3점, 전적 163부 852책 등 모두 1,432점이 올라갔다.

　　1965년 6월 최종 타결된 한일 문화재 반환 회담의 결과는 최초에 우리가 목표로 했던 수량보다 많이 줄었고, 지금 관점에서 볼 때 아쉬운 점도 없지 않다. 그러나 과거 제국주의를 표방하며 식민지를 지배한 나라 대부분이 아직 문화재를 반환하지 않고 있는 상황에서 우리의 노력으로 문화재를 되찾았다는 선례를 남긴 점은 큰 의미가 있었다. 특히 당시 전쟁으로 한반도 전체가 혼돈에서 헤어 나오지 못한 시기임을 고려할 때 분명 적지 않은 성과라는 게 고고미술사학계와 외교학계에서 내린 평가이다.

　　한일 문화재 대표단 간 치열한 줄다리기가 팽팽하던 회담의 마지막 날이었다. 최대 쟁점이 타결되면서 길고 길었던 회담이 마침내 끝났다. 낮부터 시작했는데 어언 다음 날 새벽이 되어 있었다. 드디어 오랫동안 이어진 힘든 일을 끝냈다는 여운으로 정적이 흘렀다. 그때 마주 보고 앉았던 일본 대표단 전원이 갑자기 기립하더니 허리를 90도 굽혀 일제히 인사를 하였다. 그동안 노력했던 우리 대표단에 최대의 경의를 표한 것이다. 황수영은 이 순간 머릿속에 갖가지 상념이 떠올랐다. 두고 두고 잊지 못할 순간이었다.

그는 회담이 끝나고 나서 회담의 과정을 보고서와 논문, 그리고 신문과 잡지에 자세히 실었다. 『일제기 문화재 피해자료』(1973)가 대표적이다. 이 책은 일제강점기를 전후하여 침탈되거나 훼손된 우리 문화재들에 대한 기록과 증언을 수집한 자료집이다. 그가 이 일에 큰 공을 들인 것은 문화재 환수의 공을 내세우려는 게 아니었다. 이런 일이 정부나 학계 일부만 담당할 일이 아니고, 나중에는 하나의 역사가 되리라고 믿었다. 그래서 훗날 많은 사람들이 자세히 알 수 있도록 반드시 기록으로 남겨두어야 한다고 생각한 것이다.

5장

가는 곳마다
국보와 보물을
찾아냈던
'황금의 손'

황수영이 그의 학문 여정에서 가장 왕성하게 활동한 시기는 1960년대이다. 이 때는 6.25전쟁의 상처가 아직 다 아물지 않은 때로서, 그는 전국의 절터나 사적지를 다니며 중요한 유적과 유물을 숱하게 발견해 냈다. 이때 나온 논문이나 저술도 질적으로 상당한 수준에 이르렀으니, 그의 학문은 이때 활짝 꽃피웠다고 할 수 있다. 이 중에서도 석굴암을 수리하고 복원함으로써 신라 미술의 비밀을 밝혀낸 일, 동해의 작은 바위섬이 바로 신라 문무왕의 수중릉임을 발견한 일, 고대 범종에서 신라의 보배였던 만파식적의 자취를 찾아낸 일, 백제미술의 정수이자 '백제의 미소'로 불리는 서산마애삼존불과 태안마애삼존불을 발견하고 조사한 일 등은 그중 백미라고 할 만하다. 이런 대발견들은 대중에 알려지자마자 큰 관심과 지지를 받음으로써 우리 문화의 위상을 높이기도 했다. 또 1970년대에는 이런 조사와 연구를 바탕으로 하여 30년 동안 온축해 온 학문의 성과를 활발하게 발표하였다.『한국 불상의 연구』(1973),『한국의 불교미술』(1974)처럼 우리나라 미술사 연구사에서 기념비가 될 만한 저작도 이때 나왔다. 이 무렵 그에게는 '황금의 손', '지남철'이라는 수식어가 따라다녔다.

1.
겨레의 국보 석굴암 수리와 복원

불국사와 석굴암은 통일신라 시대인 757년에 김대성金大城(700~774)이 창건했다. 전생과 현생을 오가며 불국사와 석굴암을 지은 김대성의 이야기는 『삼국유사』에 자못 환상적인 색채로 자세하게 묘사되어 있다.

> '경주 모량리에 사는 가난한 여인 경조慶祖에게 '대성'이라는 아들이 있었는데 어려움에도 불구하고 경주 흥륜사에 후히 시주하고 죽었다. 그 공덕으로 그는 당시 재상이던 김문량金文亮의 아들로 곧바로 다시 태어났다. 하늘로부터 미리 계시를 받은 김문량은 대성의 어머니를 데려와 함께 살게 했고, 새로 얻은 아들도 훌륭하게 잘 키웠다. 하루는 그가 토함산에 사냥 나갔다가 곰을

죽였는데, 그날 밤 꿈에 곰이 나타나 원망하고 자기를 위해서 절을 지어달라고 하였다. 꿈에서 깨어난 그는 크게 뉘우쳐 곰을 사냥한 자리에 장수사長壽寺를 지어주었다. 또 현세의 부모를 위해 불국사를, 그리고 전생의 부모를 위해서 석불사石佛寺를 지었다. 석불사가 지금의 석굴암이다.'

– 일연, 『삼국유사』, 「효선」, '대성효이세부모'

이 이야기는 단순히 한 사찰의 창건 배경을 말하는 데 그치지 않는다. 자비와 살생 금지 등 불교의 핵심과 충효의 의미가 잘 담겨있고 오늘날에 보더라도 훌륭한 교훈담이어서 교과서에도 실리며 온 국민이 다 아는 이야기가 되었다. 주인공인 김대성은 『삼국사기』에도 등장하는 실제 인물이어서 어느 정도 사실성도 지니고 있다. 무엇보다도, 이야기의 무대인 불국사와 석굴암은 우리나라 최고의 예술품으로 꼽히기에 더욱더 국민에게 관심의 대상이 되었다.

특히 석굴암은 토함산 중턱에 화강암을 쌓아 인공으로 만든 석굴인데도 처음 지어진 이래 지금까지 천삼백 년이나 이어오면서 무너지지 않고 원상을 유지하고 있을 만큼 훌륭한 과 학기술이 발휘된 건축 작품이다. 일찍이 고유섭은 우리 겨레의 가장 큰 보물로 이 석굴암을 꼽으며 이렇게 말했다.

> "우리는 무엇보다도 잊어서 안 될 작품으로 경주 석굴암의 불상을 갖고 있다. 영국인은 인도를 잃어버릴지언정 셰익스피어를 버리지 못하겠다고 한다. 하지만 우리에게 무엇보다도 귀중한 보물은 이 석굴암의 불상이다."
> ─ 고유섭, 「신라의 조각 미술」, 1934년

그만큼 석굴암의 건축공학적 설계와 구조는 신비를 넘어 불가사의할 만큼 빼어나다. 석굴 안에 놓인 본존불상과 보살상, 10대 제자상, 16나한상, 팔부중상, 사천왕상 등은 많은 미술사학자가 '아름다운 불상의 표준'으로 여길 만큼 신라뿐만 아니라 우리나라 전 미술사를 통틀어서 최고의 작품들이다. 근래에 석굴암이 겨레의 국보로써 자리매김한 데는 그가 수십 년에 걸쳐서 석굴암의 역사와 가치를 대중에게 적극 알렸던 데 힘입은 바가 컸다.

석굴암 수리 복원의 배경과 과정

신라가 국력을 기울여 만든 석굴암이었지만 조선 후기와 구한말, 그리고 일제강점기 등 우리나라 역사의 침체기에 들어서서는 관심과 보존의 손길을 제대로 받지 못해 극도로 퇴락하고 말았다. 급기야 일제강점기 무렵 석굴 내 일부 조각이 떨어져 나가고 내부에 습기가 차 이끼가 끼고 물방울도 바닥에 뚝뚝 떨어지는 현상이 발견되는 등 보존 상태가 극도로 악화하였다. 1913~1915년 최초로 수리가 이루어졌고 1917년과 1920~1922년에도 한차례 더 수리를 했으나 그때마다 임시방편에 그쳤을 뿐 근본적인 해결과는 거리가 멀었다. 경상북도에서 조선총독부에 수리를 요청하는 공문을 여러 차례 보냈어도 일본은 중일전쟁, 태평양전쟁 등을 벌이느라 아무런 손을 쓰지 못했다.

해방 직후에도 상황은 나아지지 않았고 별다른 조치도 없었다. 거기다가 급기야는 심각한 인위적 훼손까지 일어났다. 1946년 국제연합(UN) 시찰단 일원이 우리나라에 와 경주로 갔을 때였다. 그들이 석굴암을 보러 간다니 지방 당국자가 깨끗하게 보이려고 일꾼들을 동원해 석굴 내부에 낀 때와 이끼를 씻어낸다며 석굴 전체에 호스로 물을 뿌리고 수세미로 빡빡

일제강점기 석굴암 모습

문질러댄 것이다. 문화재의 가치와 보존에 대한 인식이 없을 때이고, 나름 외국 손님에게 잘 보이려는 생각에서 나온 행동이었으나 이로 말미암아 석굴 벽면 여기저기에서 표면이 떨어져 나는 등 석굴암에 큰 상처를 내고 말았다.

이 일이 알려지면서 국내외에서 질타가 터져 나왔다. 1958년부터 몇 차례 조사단이 파견되어 보수 대책을 세우려 했으나 실행까지 이어지지 않고 있었다. 그런데 석굴암은 이미 세계의 보물로 인정받았기에 급기야 유엔 산하 문화재 보호기관(ROME)에서 1961년 9월에 저명한 고고학자 프렌다리스Harold James Plenderleith(1898~1997) 박사를 파견해 현장을 점검하기까지 했다. 이 일이 계기가 되어 국내에서 이제는 국가가 적극적으로 나서서 석굴암을 수리하고 보존해야 한다는 여론이 크게 일어났다. 이에 따라 1962년 정부는 대규모 보수공사를 결정하여 중수와 수리를 맡을 조사단이 구성되었다. 우리 손으로 석굴암을 학술조사하고 중수하게 된 첫걸음이었다.

열악한 환경을 무릅쓰고 3년간 이어진 중수

황수영은 당시 저명한 불교미술사학자로서 신망이 두터웠기에 자연스럽게 조사단의 지도위원이자 수석감독관으로 뽑혀 이 일을 총괄하게 되었다. 그 외에도 김원룡, 건축가 김중업金重業(1922~1988), 유해종(柳海宗) 등이 감독관으로 임명되었으나 이들은 바빠서인지 현장에는 거의 내려가지 못했다. 황수영 역시 다니는 동국대학교 수업도 있는 데다가, 무엇보다 이 직후에 시작된 한일 문화재 반환 회담 등 일로 눈코 뜰 새 없이 바쁠 때였다. 하지만 겨레의 국보를 보수하는 중요한 일을 한다는 책임감으로 최대한 현장을 자주 찾아가 진행을 점검하곤 했다.

  현장 실무 요원으로는 연세대학교 사학과를 졸업한 정명호鄭明鎬(훗날 동국대 미술사학과 교수), 고건축 장인 신영훈申榮勳(1935~2020) 그리고 손용문孫龍文 등이 참여했다. 도면 작성은 당시 문화재의 복원·보수·실측 분야의 권위자로 꼽히며 '살아 있는 문화재'라 불리던 임천林泉(1908~1965)이 맡았으나, 공사가 시작되고 얼마 뒤에 안타깝게도 세상을 떠났다. 또 그 외에도 여러 관련 분야 학자들이 수시로 찾아와 힘과 지혜를 보태주었다.

  조사단은 모두 현장에서 먹고 자며 꼬박 3년을 조사에 임했다. 석굴암은 당시만 해도 상주하는 스님도 한 명 없을 때였다. 전기도 들어오지 않았고 지낼만한 방 하나도 마땅하지 않아 서 임시숙소부터 먼저 지어야 했다. 또 조사단에 배속된 차량이 한 대도 없어 밖에 볼일이 있으면 토함산을 오르내리며 시내까지 걸어서 다녀야 했다. 황수영은 어떤 날은 경주 시내까지 이 길을 걸어서 세 번이나 왕복하기도 했다. 관계 기관이 여론에 쫓기어 부랴부랴 중수를 결정하고 조사단을 꾸린 것이기는 해도 이처럼 조사 환경은 이만저만 열악한 게 아니었다. 그런데 이런 상황이 훨씬 나아지는 계기가 일어났다.

당시 경주에 자주 가곤 했던 박정희 대통령이 석굴암 중수 현장을 찾은 것이다. 아무런 예고도 없이 갑자기 지프를 타고 나타난 데다, 현장에서 일하는 인부 아무에게나 다가가 거리낌 없이 이것저것 묻는 통에 조사단 일행이 깜짝 놀라기도 했다. 황수영은 훗날 그의 이런 모습이 매우 인상적이었다고 술회했다. 어쨌든 이후에도 한 차례 더 현장을 찾으며 큰 관심을 보여준 대통령 덕분에 전기가 들어오고 조사단에 필요한 여러 가지 시설도 갖추어지면서 조사단은 본격적으로 석굴암 중수 작업에 들어갈 수 있었다.

석굴암 중수에서 어려웠던 문제들

당시 석굴암의 가장 큰 문제는 석굴 내부의 풍화가 너무 심하게 진행되고 있다는 점이었다. 천년이 넘도록 잘 이어온 석굴의 보존 상태가 갑자기 나빠진 원인은 1920년대에 일제가 임시방편으로 해놓은 엉터리 수리 때문이었다. 석굴을 보호한다며 석굴 바로 뒷면에 거대한 돌로 두 겹의 벽을 쌓고 그 사이에 시멘트를 발라놓았다. 이로써 본래는 없던 외벽이 생기면서 결과적으로는 석굴암의 원해 외형 자체가 달라지고 훼손되어버린 셈이 되었다. 그래서 두껍게 발라놓은 시멘트를 제거해야겠으나 그럴 방법이 없었다. 최근에는 기술이 좋아져 일제강점기에 시멘트로 보수한 익산 미륵사지 석탑을 해체하고 복원하기까지 했지만, 60년 전에는 시도하기 어려운 일이었다. 이 일로 고심하고 있는데, 앞서 말한 프렌다리스 박사가 대안을 하나 제시했다. 시멘트로 쌓은 벽은 어쩔 수 없으니 그대로 두고 그 위로 새롭게 돔으로 천장을 두르자는 것이다. 이렇게 하면 원래 있던 석굴암 바깥으로 비슷한 모양의 벽과 천정이 생기는 셈이었다. 듣고 보니 그 방법이 가장 나아 보여 그 방법을 사용했다. 지금 석굴암 천정이 이중 돔이 된 까닭이다.

까다로운 벽과 천장 처리를 마쳤으나 아직 어려운 일 하나가 더 남았다. 석굴암의 구조는 위에서 내려다 보면 마치 열쇠 구멍처럼 안쪽이 둥글고 그 아래로 좁고 길쭉한 복도가 입구까지 이어진다. 입구 직전의 좌우 벽은 각 4점씩 모두 여덟 점의 팔부중八部衆이 부조浮彫로 장식되어 있었다. 팔부중은 불국토를 지키는 무장으로, 사찰에서는 대체로 석탑에 새기곤 한다. 석굴암에서도 문지기의 의미로 입구 부근에 배치되어 있었는데 중수 당시는 이 팔부중상들이 벽에서 떨어져 나간 채 바닥에 뒹굴고 있었다. 그래서 처음 만들 당시에 그냥 좌우 4점씩 마주 보고 있었는지, 아니면 복도에는 좌우로 3점씩만 놓고 입구를 나가 좌우 벽면에 각 1점씩 배치했는지 알 수가 없었다. 말하자면 입구를 향해 곧바로 펼쳐져 있었는지 아니면, 입구를 나서서 한 단 꺾어져 좌우로 1점씩 배치되었는지 알 수가 없었던 것이다. 이를 정확히 알기 위해 석굴 입구를 간단히 발굴해보았더니 원래 복도 좌우에 4점씩 배열되었다고 판단되었다. 황수영은 이것이 석굴암 원형을 복원하는 데에 있어서 아주 중요한 문제라고 여기고 아예 문화재위원회를 현장에서 열도록 요청했다. 그리고 위원들은 모두 조사단 의견에 따른 복원을 결정했다. 문화재위원회가 발굴 현장에서 열린 예는 그때까지 한 번도 없었다. 황수영이 이 문제를 얼마나 중요하게 생각했는지 알 수 있는 대목이다.

석굴암 본존불상 이름을 밝혀준 판자 하나

석굴암을 말할 때 학계에서 가장 논란이 되는 주제 중 하나가 석굴암 중앙에 자리한 본존불의 명호名號, 곧 이름이 무엇인가 하는 문제이다. 법당에 봉안되는 불상은 아미타·석가·약사·비로자나·미륵 같은 고유한 이름이 있다. 처음에는 당연히 어느 부처를 봉안하겠다는 생각으로 만들었으나 시간이 많이 흐르면 따로 적어두지 않는 한 정확하게 모르게 되는 예가 아주 많다. 석굴암 본존 여래상이 바로 그러했다.

일제강점기에 석굴암을 조사했던 일본 학자들은 이 불상의 손 모양에 근거해서 석가여래로 보았다. 하지만 석가불과 아미타불 손 모양은 본래 비슷하게 만들기에 결정적 증거라고 할 수 없어서 이를 두고 논란이 이어졌다. 그런데 조사단이 활동하는 동안 이 문제가 어느 정도 분명하게 정리되었다. 조사단이 1890년대에 지은 「석굴암상동문石窟庵上棟文」이라는 현판*을 발견했는데, 여기 첫머리에 '미타굴彌陀窟'이라고 나오기 때문이다. '미타'는 곧 '아미타'이므로 석굴암 본존불상의 이름은 자연스레 아미타불이 된다. 그 뒤로 석굴암을 연구하는 많은 학자들로부터 석가불, 비로자나불, 아촉불 등 다양한 견해가 제시되었으나, 아미타불이라는 황수영의 주장이 아직도

*글을 써서 걸어두는 판자

가장 유력하다. 그런데 이「석굴암상동문」을 발견하였던 과정이 재밌다. 일제강점기에 석굴암을 조사했던 일본 학자의 글에 석굴암에 이 현판이 걸려있었다고 나온다. 하지만 조사단이 아무리 찾아보아도 보이지 않았다. 궁리 끝에 묘안을 하나 짜낸 황수영이 일하는 사람들을 모아놓고 이렇게 말했다.

"한자가 적혀 있는 나무 판때기 하나를 찾습니다. 기다랗게 생겼고, 크기는 이만할 거예요. 일하시다가 혹시 보시면 알려주세요."

찾는 사람에게 현상금도 약속했다. 큰 액수는 아니였지만 사람들이 관심을 보이도록 하기 위한 고육책이었다. 그러자 인부들이 재밌어하면서 적극적으로 찾으려 나서자 이 소식은 부근 마을에까지 퍼졌다. 과연 그러고 나서 얼마 뒤, 드디어 그 현판을 찾았다. 그런데 발견된 곳이 해괴한 장소였다. 석굴암 아래에 낡은 변소가 있었는데 그 문짝 위에 현판이 달려 있었다. 누군가 현판을 가져가 변소 문으로 사용한 것이니, 당시 석굴암이 얼만큼 관리가 안되던 상황이었는지 이 일화 하나로도 충분히 짐작할 만하다.

「석굴암 상동문」
(현 동국대학교박물관)

한편, 그는 「석굴암상동문」에 또 하나 중요한 표현이 있음을 알아냈다. 바로 '문무왕암에서 옥녀가 구천에 공양을 올렸다(文武王岩 玉女奉供於九天)'라는 문장이었다. 문무왕암은 경주 감포 바닷가에서 보이는 '대왕암'이라 불리는 작은 바위섬을 말한다. 이를 본 황수영의 머릿속에는 곧바로 '왜 문무왕암이 석굴암에 등장하는 것일까?' 하는 의문이 일었다. 그는 대왕암은 문무왕과 깊은 관계가 있는 바위이고, 석굴암과 연결되는 요소가 반드시 있겠다고 생각했다. 하지만 이때만 해도 얼마 뒤에 자신이 '문무왕 해중릉 발견'이라는 세기의 대발견을 하리라고는 꿈에도 생각하지 못했다. 그런데 사실 「석굴암상동문」에 나오는 이 몇 글자는 앞으로 일어날 문무왕릉 수중릉 발견 인연의 작은 실마리였다.

'암굴암' 또는 '목굴암' 비아냥도 들었던 석굴암 복원

황수영이 이끈 석굴암 중수와 복원은 1961년 9월에 시작해 1964년 6월, 3년 만에 드디어 마무리되었다. 그는 공사 시작 전 내외 전문가의 의견을 충분히 듣고 나서 목표를 세웠다.

첫 번째, 훼손이 날로 심해지는 석굴암의 구조 상태를 획기적으로 개선할 것. 두 번째, 본존 여래상을 비롯해 석굴

내 여러 조각상의 상태를 점검하고 학술조사를 할 것. 세 번째, 일제강점기 때 인위적으로 바뀐 창건 당시의 모습을 복원할 것.

첫 번째 문제는 건축 안전 점검을 하며 취약한 부분을 찾아내 보강 처리하고, 심각했던 석굴 내부의 습기도 항온항습 장치를 설치해 해결했다. 그러나 그 뒤로도 내부에 이슬이 맺히는 결로현상이 종종 일어나 수리를 제대로 못 했다고 비난을 듣기도 했다.

두 번째 문제는 완벽에 가깝게 해결했다. 3년 내내 석굴암 본존과 여러 조각상 세부를 사진 촬영하고, 도면도 정밀 실측하여 보고서에 담아냄으로써 이후 많은 사람이 연구하는데 조금도 모자람이 없게 하였다. 지금까지도 석굴암에 대해서 새로운 관점의 연구가 이어질 수 있는 건 이때 학술조사가 탄탄히 이루어졌던 덕분이다. 세 번째는 앞서 말한 팔부중상의 배치를 해결했고 또 입구에 새로 전실을 설치한 것이 핵심이었다. 당시 조사단은 나름대로 최선의 결정을 내려서 복원했다. 그러나 원래 모습을 말해주는 글이나 그림이 없어서 백 퍼센트 맞는다고는 할 수 없었다. 사람마다 생각이 달라서인지 이 역시 이후 끊임없이 논란거리가 되었다.

석굴암 중수와 복원 결과를 놓고 가장 말이 많았던 건 석굴 입구에 설치한 전실前室이었다. 수리 전까지 석굴에는 드나드는 입구가 개방된 채 문이 없었다. 그러다 보니 동해에서 강한 해풍이 석굴 안 깊숙이까지 불어와 서서히 풍화작용이 일어나고 있었다. 해풍은 염분과 토사까지 머금고 있어서 훼손을 가중시켰다. 그래서 한옥 모양의 작은 건물을 두고 여기에 딸린 문을 열고 통과해야 석굴 입구에 들어서도록 하는 구조로 바꾸는 게 최선이었다. 하지만 이를 두고 많은 사람이 비난을 퍼부었다. 필요 없는 걸 설치해 석굴암이 아니라 목굴암木窟庵이 되었다는 둥, 이것 때문에 석굴 안이 어두워졌으니 이젠 암굴암暗窟庵이냐는 둥, 뒤에서 수군거리며 비아냥대는 소리에 황수영도 여간 마음 상한 게 아니었다.

그런데 사실은 이들이 잘 모르고 한 소리였다. 이 전실은 석굴암을 처음 지을 때부터 있었던 시설이었다. 석굴 주변을 발굴해보니 북쪽 언덕에서 신라부터 근세에 이르는 기간 설치했던 기와가 쌓인 층위가 발견되었다. 석굴 위에 기와를 얹었을 리 없으니 이 기와의 용도는 석굴 입구에 지은 전실의 지붕 외에는 달리 설명할 수가 없다. 또 조선 후기에 그린 토함산 그림에도 석굴 앞에 작은 한옥 한 채가 놓인 장면이 보여,

이때까지 전실이 있었음을 알 수 있다. 따라서 지금처럼 전실을 설치한 건 원상을 복원한 셈인데 사람들이 이를 모르고 쑥덕거린 것이다.

그야말로 헌신적으로 석굴암 중수와 복원에 매달려 겨우 일을 마쳤는데, 적잖은 비난이 돌아와 황수영은 한동안 힘들어했다. 석굴암 중수를 마치고 오랜만에 집에 돌아오니 아내가 한숨을 쉬며 "이 세상에서 당신이 제일 욕 많이 잡수신 분일 거예요."라고 말하기에 쓴 웃음을 짓기도 했다.

이런 논란 역시 자랑스러운 문화재로 석굴암에 대한 관심이 그만큼 많아서일 테고, 또 여러 각도로 보는 다양한 견해와 주장은 결과적으로 석굴암 연구를 더욱 깊이 있게 해줄 테니 바람직하다고 봐야 한다. 황수영은 이에 대하여 나중에 이렇게 말했다.

> "비록 부족한 점이 없지 않았겠지만, 나름대로 정확한 복원을 위하여 애도 많이 썼다고 생각한다. 지금에 와서 보더라도 악화일로이던 석굴암의 보존 상태가 더 훼손되지는 않고 있으니, 그런대로 성과가 있었다고 본다."

역사적 기념물을 복원하는 일에 있어서 최고의 지침으로 삼는 〈베네치아 헌장〉(1964)에 '추측이 시작되는 곳에서 복원은 멈춰야 한다.'라고 나온다. 황수영이 완성한 석굴암 수리와 복원은 바로 이러한 원칙 그대로였다. 또 '문화유산의 원래 모습과 가치를 온전하게 지킨다.'라는 오늘날 〈대한민국 문화유산 헌장〉(2020)의 정신과도 그대로 맞아떨어진다. 1996년 12월 독일 베를린에서 열린 UN 세계문화재 지정 회의에서 석굴암과 불국사, 해인사와 팔만대장경, 서울 종묘 등이 세계문화재로 지정되었다. 그 30년 전 황수영 등 석굴암 수리 복원 조사단의 노력이 어느 정도 보답을 받은 셈이었다.

수리와 복원을 무사히 마쳤으니 보통이라면 조사단도 공식적으로 해단해야 했다. 더군다나 이들은 현장에서 꼬박 3년을 숙식하며 고생을 이만저만 한 게 아니었다. 이를 누구보다도 잘 알고 있는 황수영이었으나, 그는 그들을 바로 놓아주지 않았다. 보고서 때문이었다. 워낙 중요한 일을 했기에 국민뿐만 아니라 해외에서도 관심을 보였으므로 혹시라도 보고서가 늦게 나오면 문제라고 생각한 것이다. 그래서 조사원들에게는 굉장히 미안한 일이었으나, 그들을 데리고 곧장 영주 부석사로 들어가서 각자 맡았던 업무의 보고서를 쓰도록 했다. 처음엔 조사원들이 좀 섭섭해했으나, 황수영의 마음을 이해하고는 기꺼이 따라주었다. 그렇게 꼬박 3주일 동안 외부 출입을 일절 금한 채 오로지 원고 작성에만 매달림으로써 보고서를 완성할 수 있었다. 그 결실인 『석굴암 수리 공사 보고서』(1967, 문화재관리국)는 지금도 석굴암에 관한 최고의 참고서로 이용되고 있다.

    1960년대에 들어와 전국 곳곳에서 유적과 유물에 대한 정비, 보수, 복원이 잇달았다. 그런데 유물의 중요도나 국민이 보였던 관심 그리고 공사의 어려움 등을 종합해서 볼 때 아마도 그중 최대가 1965년에 있었던 불국사·석굴암 중수공사였을 것이다. 지금도 그렇지만 불국사와 석굴암은 당시에도 국민에게 가장 널리 알려진 역사 유적이자 국민 관광지였다. 뿐만 아니라 우리가 반만년을 이어온 문화민족이라는 긍지를 가지게 했던 미술 작품이기도 했다. 따라서 수리 복원하는 3년 동안 그의 어깨를 짓누른 중압감은 이루 말할 수 없을 만큼 컸다. 서울과 경주를 얼마나 많이 오갔는지도 모른다. 한 번은 그의 아내가 "당신 때문에 기차 레일이 다 닳아버렸을 거예요."라며 농담도 했다. 그 먼길을 수시로 오가야 했던 남편이 안쓰럽게 느껴진 것이다. 그런 힘든 과정을 거치며 일을 마쳤기에, 그는 정말로 큰 짐을 내려놓은 듯한 기분이었다고 했다. 한편으로는 우리나라 최고의 보배라 할 수 있는 불국사와 석굴암을 중수하는 중책을 맡아 완수했던 일이 가장 기억에 남고 또 큰 보람도 느꼈노라고 말하곤 했다.

2.
동해구, '나의 잊히지 못하는 바다'

신라 역사의 비밀이 담긴 동해구의 유적들

고고학이나 미술사학의 발자취를 따라가다 보면 중에는 동서양을 막론하고 때로 전혀 생각하지도 못했던 곳에서 "유레카 Eureka!"*를 외치거나, 잠자던 고대 역사의 거대한 비밀을 정말 우연히 발견한 예를 적지 않게 만나게 된다. 구석기시대 동굴 벽화, 사해문서, 진시황릉, 광개토대왕릉 발견 등이 그런 예일 것이다. 어떤 의미에서 고고 미술은 우연한 '발견'과 필연적 '확인'이 날줄과 씨줄처럼 서로 교차하며 과거사 복원의 직조織造가 이뤄진다고 말할 수 있다.

황수영이 찾아냈던 여러 유적과 유물 중에서도 이런 예가 종종 있었다. '이 부근에 뭔가 있겠다.'라고 생각하여 찾아낸 게 아니라 어떻게 보면 우연히 발견한 듯이 보이는 것들이다.

*고대 그리스어 'εύρηκα heúrēka'에서 유래한 '찾았다'는 말

하지만 따지고 보면 이는 우연이아니라 그의 부지런한 발걸음과 명민한 통찰, 그리고 끊임없는 공부와 미술사에 대한 열정이 이뤄낸 필연적인 결과였다. 오랫동안 눈앞에 펼쳐져 있었으나 누구도 그것의 역사적 맥락과 의미를 모를 때 그가 비로소 알아낸 예 중 하나가 동해구東海口의 존재였다.

　　신라의 수도 경주 토함산 계곡에서 흘러나온 물은 다른 물줄기와 만나 강을 이루어 동해로 흘러 들어가는데, 이 강물과 바닷물이 만나는 지역 일대를 '동해구'라고 부른다. 이 지역을 특별히 동해구라고 부르는 데는 이 일대에 있는 유적, 즉 신라 고대 역사의 자취가 잘 남아 있는 대왕암, 이견대 그리고 감은사의 세 유적이 모두 바다와 깊은 관련이 있기 때문이다. 그래서 동해구라는 말에는 단순히 지리적 명칭만이 아니라 '고대 신라 문화의 정수가 드러나는 유적지'라는 뜻도 있다. 대왕암은 삼국통일을 완성한 문무왕의 해중릉이고 감은사는 문무왕과 신문왕 부자가 대를 이어 완공한 신라 호국護國의 상징과 같은 절이며, 이견대는 신문왕이 때때로 와서 대왕암을 바라다보았다는 정자로, 대왕암과 감은사를 이어주는 다리와 같은 곳이다. 이 세 곳을 삼각점처럼 연결하는 일대가 바로 동해구인 것이다.

동해구라는 명칭이 삼국통일을 전후한 시기에 건립된 신라의 유적을 가리키는 용어로 학계에 자리 잡은 건 황수영이 이를 확인하고 새롭게 의미를 부여한 덕분이다. 그런데 이 말은 그가 새롭게 창안한 말이 아니라 그전에도 이미 그렇게 불린 적이 있었다. 『삼국사기』「문무왕」조에도 "문무왕이 죽기 전에 여러 신하를 모아놓고 '내가 죽으면 동해구 바위 위에 장사 지내라'라고 명했다."라고 나온다.

'동해구'라는 말은 조선 후기에 이조 판서, 대제학 등을 지낸 홍양호洪良浩(1724~1802)가 다시 끄집어냈다. 그가 경주 부윤(오늘날 시장)으로 임명되어 일대를 순시하다가 바닷가에서 특이하게 생긴 바위섬을 보았다. 주변 사람에게 물어보니 바로 신라 문무왕의 유골을 모신 '대왕석大王石'이라는 말을 듣고는, "바위 서쪽으로 바닷물이 드나드는 동해 입구[東海口]가 십 리 펼쳐져 있다. 바다 한가운데 바위에 봉우리가 하나 우뚝한 채 바다를 바라보고 있다. 가히 좌우에 용과 호랑이를 거느리고 있는 형세로다."라고 감탄했다. 호기심이 생긴 그는 실학자답게 이런저런 서적을 뒤적이며 연구한 끝에 정말 그 섬이 옛날부터 '대왕암'으로 전해오고 있음을 확인하고는 이렇게 말했다.

"옛날 역사에도 나오니 이를 허무맹랑하다고 할 수 없다. 왕이 죽어 용이 되었다는 말은 속전이기는 하나 다 그럴 만한 이유가 있어서이지 괜스레 헛된 말이 나왔겠는가!"

홍양호에 이어 동해구 유적에 관심을 가진 이가 황수영의 은사 고유섭이다. 그는 평소 말과 글로써 신라 문화의 정수는 경주에 있고 그중에서도 문무왕의 유적에 신라 통일의 기상이 담겨있다고 강조하곤 했다. 아래의 글은 그의 이런 생각이 응축되어 나온 것이다.

"경주에 가거든 문무왕의 위적偉蹟을 찾으라. 구경거리의 경주로 쏘다니지 말고 문무왕의 정신을 기려 보아라……문무왕의 위대한 정신이야말로 경주의 유적에서 찾아야 할 것이니 경주에 가거들랑 모름지기 이 문무왕의 유적을 찾으라."
— 고유섭, 「경주 기행의 일절一節」 중 '경주에 가거든', 1940

고유섭의 이 말은 지금도 경주로 여행 가는 사람이라면

한 번씩 찾아 읽거나, 더러 블로그에 올릴 정도로 유명하다. 그런데 사실 이 말을 가장 가슴에 새긴 사람은 바로 황수영이고 또 이 글을 처음 세상에 알린 사람도 그다. 그는 고유섭의 가르침과 당부에 따라 문무왕의 유적이 남은 감은사와 대왕암 그리고 이 둘의 연결점인 이견대를 주목했고, 그래서 이 지역이 바로 『삼국사기』나 홍양호가 언급한 동해구라고 추정한 것이다.

1947년 가을 그는 홀로 경주를 찾았다. 대중교통이 발달하지 않았던 때라 경주 시내에서 감포까지는 버스로 왔으나 거기서부터는 걸어서 가야 했다. 그가 산을 넘어 감은사지에 도착했을 때 해가 뉘엿뉘엿 지고 있었다. 먼 길을 오느라 지칠 대로 지친 그에게 석양의 눈부신 해살을 받은 삼층석탑 2기가 우뚝 서있는 광경이 눈에 한가득 들어왔다. 피로는 눈 녹듯 사라지고 벅찬 감동이 밀려왔다. 그에게는 이 두 삼층석탑의 존재가 신라 불교미술의 비밀을 풀 화두마냥 느껴졌다. 그곳에 한참을 머무르다가 천천히 걸음을 옮겨 바닷가로 향했다. 어느새 사위는 어둑어둑해졌고 파도도 잔잔해진 고요한 밤바다 한가운데 고요히 떠있는 대왕암을 바라다보았다. 고유섭이 말하곤 했던 '나의 잊히지 못하는 바다'를 떠올리며 감회에 젖었다.

이제 은사가 그토록 가보라고 한 까닭을 알 수 있을 것 같았다. 그러자 자신도 모르게 나지막한 탄성이 흘러나왔다.

"아, 이곳이 바로 동해구로구나!"

감은사지 발굴의 숨은 이야기

감은사는 문무왕이 첫 삽을 떴으나 공사 도중 승하하여 대를 이은 신문왕이 682년에 완공하였다. 조선 무렵에 폐허가 된 절터에는 오래도록 동서 양쪽으로 삼층석탑이 나란히 서 있었다. 문무왕이 각별한 관심을 가지고 창건한 절이기에 절터에 당시의 유적과 유물이 전할 가능성이 컸다.

황수영은 감은사가 동해로 향한 신라 사람들의 열망을 상징한다고 생각했다. 동해는 신라가 국력을 키워나가기 위해 필수적이었던 해외 교류의 교두보였기 때문이다. 신라 불교의 정수가 담긴 토함산 석굴암 본존불의 시선이 이곳으로 향하는 것도 바로 감은사와 대왕암이 그곳에 있기 때문이라고 생각했고, 그래서 동해구 유적 중에서도 핵심이라고 보았다. 감은사지가 어떻게 조성되었는지 밝혀 줄 발굴이 절실했다.

마침 이때 서쪽에 자리한 삼층석탑이 유난히 기울어 있어 수리가 필요했다. 황수영은 당시 국립박물관 김재원 관장을 찾아가 서탑 수리와 절터 발굴이 빨리 이뤄지면 좋겠다고 건의했다. 이에 따라 국립중앙박물관에 의해 1959년 12월, 절터 발굴과 서탑의 해체·수리 작업이 시작되어 해방 후 우리 손에 의한 최초의 절터 발굴이라는 기록을 썼다. 더군다나 이때 서탑을 해체하는 과정에서 탑 안에 있던 불사리를 담은 장치인 사리장엄을 발견했는데, 이 사리장엄은 신라 공예미술의 정수라 할 만큼 뛰어난 예술성을 지니고 있어서 곧바로 국보로 지정되었다.

이처럼 최초의 절터 발굴, 최고의 국보 발견 등 기록을 세운 감은사지 발굴이 성사될 수 있었던 데는 황수영의 공이 컸다. 이렇게 해서 그의 건의에 따라 감은사지 발굴이 논의되었으나, 발굴 단계에서 절터 발굴 전문가가 국내에 없었던 게 문제였다. 국내 고고학 발굴 전문가가 맡을 수도 있겠으나, 감은사의 실체를 드러내 줄 수도 있는 중요한 발굴이기에 기왕이면 절터 발굴 경험자가 하는 게 좋겠다는 의견이 많았다.

그 무렵 문화재 반환을 위한 한일회담으로 일본에 머물고 있던 황수영은 마침 시간이 나서 모교인 도쿄 대학을 방문해 명예교수로 있던 후지시마 가이지로藤島亥治(1899~2002)를 찾아갔다. 그는 1933~1945년까지 조선 보물 고적 명승 천

경주 감은사지 전경(1914년 촬영)

연기념물 보존위원으로 활동하며 우리나라 고건축 조사를 주도했던 일본의 저명한 건축사학자로, 우리나라 유적에 관한 정보와 지식이 많기에 이를 들으러 찾아간 것이다. 그 자리에서 후지시마는 황수영에게 일본 유학 중인 김정기金正基 (1930~2015)를 감은사지 발굴 책임자로 추천했다. 김정기는 도쿄대 건축학과에서 후지시마를 지도교수로 하여 박사 학위를 받은 상태였고, 일본 내 절터 발굴에 수차례 참여한 경력이 있었다. 딱 맞는 사람을 찾았다고 생각하고서 곧바로 국립박물관에 감은사지 발굴 적임자로 김정기를 추천했다. 김정기는 기대에 부응하며 감은사지 발굴과 삼층석탑 해체 수리라는 어려운 일을 성공적으로 끝마쳤다. 이후 국립박물관 고고과장, 문화재관리국 문화재연구실 초대 실장, 국립문화재연구소 소장 등을 지내며 우리나라 불교 고고학 분야에서 탁월한 업적을 이뤘다.

한편 이 절터 발굴에서 아주 신기한 구조 하나가 발견되었다. 바로 금당 아래에 나지막한 공간이 의도적으로 배치된 게 나온 것이다. 고려말 학자 이숭인李崇仁(1347~1392)이 1362년 가을 감은사에 놀러 왔다가 금당 바닥 아래에 공간이 있는 걸 보고 '용혈龍穴'이라고 적었는데, 발굴단은 이 구조가 바로 그 용혈이라고 판단했다. 그리고 이런 구조가 나오게 된 배경의 단서를 문무왕이 남긴 유언에서 찾았다. 그는 죽으면서 "내가 죽으면 나라를 지키는 용으로 다시 태어나 불법佛法을 받들고 나라를 지키겠다." 하고 맹세했다. 그래서 신문왕이 부왕의 유지대로 절을 완공하면서 그의 은혜에 감사한다는 뜻으로 감은사라 이름짓고, 용이 된 문무왕이 낮에는 바다에 있다가 밤이 되면 절 앞까지 흐르는 해류를 타고 드나들 수 있도록 만든 시설이라고 본 것이다. 사찰은 물론이고 다른 어느 건물 유적지에서 한 번도 나오지 않았던 전무후무한 시설이었다. 죽은 이의 환생을 확신하고 그의 안식처로 절을 지은 세계에서 유일한 예일지도 모른다.

3.
문무왕 해중릉 발견

하늘이 내린 인연, 문무왕 수중릉 발견

"여러분, 모두 석굴암 대불을 향하여 경례~"

1967년 5월의 첫날 아침, 시원하게 불어오는 바닷바람을 맞으며 동해의 한 작은 바위섬에 한 무리의 사람들이 올라섰다. 대학생 예닐곱 명이 포함된 10여 명의 일행은 석굴암이 자리한 북쪽을 향하여 한 줄로 죽 섰다. 곧이어 대표의 조용한 구령에 맞춰서 일제히 고개를 숙였다. 잠시 정적이 흐른 다음 고개를 오른쪽으로 돌려 동해를 바라보았다. 떠오르는 붉은 해가 이들의 눈을 부시게 했다. 어제 갔던 석굴암 본존불을 향해 경례했으나 사실 이들은 조금 전 바위에 오르자마자 생각지도 못한 발견을 한 것 때문에 놀라 있는 상태였다. 얼굴에 흥분한 마음을 감추지 못하고 있는 이들을 진정시키기라도 하려는 양 장년의 한 남자가 나지막한 소리로 말했다.

"여러분, 지금 우리가 서있는 이 대왕암이 문무왕의 수중릉이 분명한 것 같습니다."

이 말을 들은 학생들의 얼굴은 떠오르는 태양의 햇살을 받아서인지 더욱 붉어지기 시작했다.

대왕암이란 경주 시내에서 24km쯤 떨어진 문무대왕면 봉길리 봉길해수욕장에서 150m 앞 바다 한가운데에 떠있는 작은 섬을 말한다. 삼국통일을 이룬 문무왕의 유골이 이 대왕암 아래에 묻혀있다는 이야기는 지금은 상식처럼 되어 있다. 그러나 1965년에 황수영이 이 바위가 문무왕의 수중릉임을 확인하고 이를 세상에 알리기 전까지 사람들은 그저 갈매기들이 때때로 내려와 앉아 쉬는 작은 바위섬으로만 알고 있었.

하지만 전부터 예사롭게 여겨지던 섬은 아니었다. 어부들은 섬 주변의 파도가 유독 거세어서 근처로 배를 몰지 않았고, 미역을 따는 해녀들도 섬에 올라가면 동티난다는 터부가 있어서 섬 가까이서 물질은 하지 않았다. 이 섬이 해중릉이라고 알려지자 마을 사람들은 이구동성으로 "아, 그렇군. 어쩐지 가기가 꺼려지더라니까! 다 이유가 있었어."라고 했다.

그런데 황수영은 어떻게 해서 이 바위섬이 문무대왕의 수중릉임을 확인할 수 있었을까?

황수영과 함께 대왕암에 올랐던 이들은 답사 온 동국대학교 인도철학과 학생들이었다. 전날 황수영과 함께 석굴암을 탐방하였고, 거기서부터 나침반이 가리키는 동동남 방위를 따라 걸어서 저녁 무렵에 바닷가 마을에 닿았다. 마침 학술조사차 경주에 있던 '신라 오악 조사단'과 이곳에서 합류해 다음 날 새벽 동해의 일출 속에 대왕암을 바라본 다음 해산하는 일정이었다. 그런데 아침이 되자 그날따라 보기 드물게 날씨가 맑고 파도도 아주 잔잔했다. 처음엔 모래시장 위에서 바라다보기로만 했으나 날씨가 너무 좋아 황수영은 문득 대왕암에 올라가 보고 싶어졌다. 부근에서 물질하던 젊은 해녀에게 바위에 올라갈 만한 상태인지 알아봐달라고 부탁했다. 해녀는 얼마 뒤 괜찮아 보인다고 알려주었다. 나중에 알았지만 본래 이곳의 해녀들에게는 이 바위 근처로는 절대 가지 않는다는 불문율이 있었다. 그런데 그 해녀는 이곳에 온 지 얼마 안 되어서 잘 몰

경주 문무대왕릉에서
(1967년 5월 15일)
사진 왼쪽은 정영호(단국대 사학과 교수), 그 오른쪽 가운데가 황수영라 바위 근처까지 다녀와 달라는 부탁을 선선히 들어준 것이었다. 인연이 잘 맞았던 셈이다.

  황수영을 비롯해 홍사준, 신영훈, 김동현 그리고 학생들 등 모두 열 명 남짓 탄 배는 떠오르는 붉은 태양을 향해 천천히 노를 저으며 나아가 20분이 채 안 걸려서 섬에 무사히 닿았다. 일행은 두근거리는 가슴을 누르고서 대왕암에 첫발을 그렇게 내디뎠던 것이다.

  사실 이들은 대왕암이라는 바위섬에 올라보는 것만 생각했지 정말 여기서 그 자취를 확인하게 될 줄은 꿈에도 몰랐다. 황수영도 마찬가지였다. 전부터 문무왕의 유골을 대왕암에 안장했다는 기록이 있고, 마을 사람들도 옛날부터 이 바위를 대왕암이라고 불러왔다는 사실은 잘 알고는 있었다. 하지만 전설과 어떤 유적을 하나로 연결 짓기는 생각보다 쉽지 않다. 그도 이때까지 20년 동안 수없이 경주를 오가며 답사와 조사를 해왔으나 대왕암에 올라가 확인해 보려는 생각을 단 한 번도 못했던 까닭도 그 때문이다. 더군다나 오래전 경주박물관에서 대왕암 현황 확인차 가본다고 할 때 혹시 바위에 인공의 흔적이 없는지 잘 봐달라고 요청했지만 다녀온 뒤 전혀 없더라는 대답을 들었기 때문에 이날 바위에 오르는 순간까지도

별다른 큰 기대를 하지 않은 것이다.

그런데 그가 직접 올라가 섬 정상에 서서 살펴보니 그게 아니었다. 울퉁불퉁한 바위 표면 갈라진 틈 사이로 연못처럼 바닷물이 고여 있었다. 물 위에 가득 덮인 해초를 걷어내 보니 물 한가운데에 하얗고 큰 돌 한 장이 놓인 게 보였다. 마치 그 아래를 덮기 위해 놓은 듯한 모양이었다. 그는 곧바로 '이 밑에 유골을 놓았던 시설이 있을 수 있지 않은가?'라고 직감했다. 급히 나침반을 꺼내어 이 덮개돌이 향하는 방위를 보니 과연 정남을 가리켰다. 우리나라는 고대부터 거의 모든 건축물을 남북 축선으로 놓는 게 철칙이었다. 금당이나 탑 같은 불교 건축물은 더욱더 이 원칙에 충실했다. 이 돌이 정남인 건 우연일 수도 있으나 의도적인 방향 배치였다고 보는 게 당연했다. 또 이 덮개돌 주위에 위에서 보면 十자 같은 홈이 물 아래로 길게 파인 것도 확인했다. 이 홈이 수로 역할을 해서 동서남북의 네 방향에서 물길이 드나들며 밀물이나 썰물 영향을 받지 않고 언제나 수량이 일정하게 유지되는 것 같았다. 이런 점들을 살피던 황수영은 '그렇다면『삼국사기』에 나오고 홍양호도 말했듯이 이 바위가 대왕암이 맞고, 문무왕의 유골을 여기에 안장한 게 아닌가!'라는 확신이 떠올랐던 것이다. 경험 많은 미술사학자의 직감이었다.

그가 이런 생각을 동행한 홍사준 등 신라 오악 조사단 위원들에게 얘기하자 "과연 그렇겠습니다!"하며 모두가 동의해 주었다. 일행 모두 석굴암을 향해 고개를 숙인 건 이런 감동이 몰려온 직후였다. "일동 경례~"를 외쳤던 학생 대표 장충식張忠植(1941~2005)은 이날의 감동이 계기가 되어 불교 미술사로 전공을 바꾸었고, 훗날 동국대학교 미술사학과 교수로서 불교 미술사에 기념비적인 여러 저술을 남겼다.

온 국민이 환호했던 문무왕릉 발견

대왕암에서 돌아오자마자 신라 오악 조사단 위원들은 "오늘의 발견은 아주 중요한 일이니 온 길에 좀 더 조사하자"라고 의견을 모았다. 이튿날 학생들을 먼저 보내고나서 위원들은 배를 타고 다시 대왕암에 올라갔다. 준비해간 제수로 간단히 제사부터 지낸 다음 사진 촬영, 도면 실측 등 조사를 마치고 돌아왔다.

이들은 서울로 돌아오자마자 신라 오악 조사단을 후원하는 한국일보에 이 사실을 먼저 알렸다. 신문사가 학계 전문가들에게 검증과 평가를 의뢰했더니 획기적 발견이므로 추가 조사가 필요하다고 의견이 모여졌다. 이에 따라 서울대 교수를 지낸 원로 사학자 김상기金庠基(1901~1977)를 단장으로 조사단이 꾸려졌다. 첫 발견 이후 2주일 만인 5월 14~15일에 다시 동해 현장으로 내려간 조사단은 대왕암이 수중릉임을 확인하였다. 전문가들의 검증을 거쳐 공인된 순간이었다.

황수영은 곧바로 이 세기적 발견을 학계와 대중에게 알렸다. 먼저 대왕암이 바로 문무왕릉으로 확인되었음과 함께 그 역사적 의미를 소개한 글을 한국일보에 실었다. 이 소식을 접한 국민은 '우리에게 이런 유적이 남아 있었다니!' 하며 깜짝 놀랐다. 이어서 다른 언론들도 이 사실을 연일 보도하는 등 한동안 온 국민의 화제가 되었다. 이 발견은 대왕암뿐만 아니라 우리 문화재 전체를 향한 국민의 관심을 불러일으켰고, 나아가 우리 문화에 대한 자긍심도 높이는 계기가 되었다.

한편, 발견 당시는 물론이고 지금까지 대왕암에 과연 문무왕의 유골이 안장되어 있는지 반신반의하거나 부정하는 의견도 있다. 조사했다고는 하지만 육안에 의했을 뿐이지, 기계를 이용해 정밀하게 확인한 게 아니지 않냐는 얘기이다. 또 대왕암 주변을 완전히 막아서 위로 넘실대는 바닷물을 전부 빼낸 다음에 덮개돌을 들어내 그 아래에 있다는 시설을 확인해

위에서 내려다본 대왕암.
중앙에 십자 형으로 파인 자리가
인공 수로로 추정되었다.

야 알 수 있지 않으냐는 주장도 있었다. 하지만 황수영은 이런 말들을 일소에 부쳤다. 유골을 안장했다면 일종의 무덤인데, 그 안에 뭐가 들었는지 궁금해 무덤을 파내면 발굴이 아니라 도굴이라는 것이다.

"아니, 안 보고도 알 수 있어야 학자이지, 꼭 뭔지 뒤집어 봐야 알겠다면 어디 국토가 남아나겠어?"

이견대利見臺는 어디인가?

대왕암이 문무왕릉 수중릉임을 확인한 건 20세기 최고의 발견이랄 수 있었다. 하지만 그에게도 한 가지 마음에 걸리는 게 있었다. 바로 감은사지와 문무왕릉을 이어주는 연결고리인 이견대利見臺의 위치가 어디인가 하는 문제였다. 나름대로 그 정확한 자리를 찾아내려고 노력했으나 결과적으로 스스로 만족할 만한 답을 얻지 못했다.

『삼국유사』에 '신문왕은 때때로 아버지가 그리울 때면 궁을 나와 이견대에 올라 대왕암을 바라다보았다'라고 나온다. 또 『고려사』에도 '문무왕과 신문왕 부자가 이견대에서 상봉하였다.'라고 나온다. 신문왕이 이견대에 올라가서 아버지의 수중릉을 바라보던 일을 극적인 부자 상봉이라고 은유적으로 표현한 것이다. 하지만 정확히 어디에 있었는지는 어느 기록에도 나오지 않았다.

한 가지 분명한 건 바닷가 가까운 데에 자리했다는 사실이다. 그는 경주 사람들에게도 물어봤다. 경주 문화재를 잘 알고 있어 '경주 문화재 지킴이'로 불리던 최남주는 산 위일 거라고 하였고, 반대로 마을의 나이 많은 어르신들은 바닷가에 있었다고 전해온다고 했다. 1967년 4월 우선 마을 어르신들의 말에 따라 그들이 가리키는 지점을 시굴했더니 실제로 건물터가 나왔다. 그러나 신라가 아니라 조선시대 유적이었다. 그 아래에 신라시대 유적이 있을 수도 있겠으나 확신이 서지 않았다. 정식 발굴이 아닌데다가 시간도 촉박하여 '이견대 터일 수도 있다'라고 잠정적으로 결론을 내린 채 마무리해야 했다. 학생들과 함께 대왕암에 오른 건 그 얼마 뒤였다.

대왕암이 대중에 알려지자 큰 관심이 몰렸고, 이견대도 덩달아 큰 주목을 받게 되었다. 경주시에서는 대중의 열성에 부응하려 했는지 시굴한 자리에 서둘러 '이견정利見亭'이라는 정자를 지었다. 또 얼마 뒤 여기가 '경주 이견대'라는 이름으로 사적으로 지정되어 자연스럽게 대중에게도 그렇게 알려지게 되었다.

그러나 황수영은 여전히 확신이 서지 않았다. 그러다가 1996년 무렵 이번에는 또 다른 이견대지 후보지를 찾았다. 현 이견대지 바로 앞으로 나 있는 국도를 건너면 대본초등학교가 있고, 학교 뒤편으로 난 길을 오르면 곧바로 산으로 이어진다. 산 정상에 오르니 큼직한 돌로 축대를 쌓은 널찍한 평지가 나왔다. 거기에서 내려다보면 동해가 잘 바라다보이고 대왕암도 한눈에 들어왔다. 또 대왕암이 있는 대본마을에서 감은사로 가는 옛길이 여기를 지나갔다는 사실도 확인했다. 그제야 그는 전에 최남주의 추정이 옳았는지 모르겠다고 느꼈다. 그래서 산 위의 터가 옛날 이견대가 있던 곳이고, 지금 이견정 자리는 조선 지리지에도 나오는 역원驛院* '이견원' 터로 추정했다. 산 위의 이 자리가 신문왕의 이견대라는 심증은 충분했으나, 지표조사나 발굴로써 증명해야 하기에 그냥 마음속에 품어둘 수밖에 없었다. 다만 그는 가까운 제자들에게 "자네, 한번 거기 가보게. 내가 생각하기에는 옛날 이견대는 아무래도 산 위에 있었던 것 같거든." 하는 말을 자주 하였다.

하지만 학계에서 이견대지가 어디인지 조사해야 한다는 움직임은 더이상 일어나지 않았다. 이를 아쉬워하면서 황수영은 앞으로 젊은 학자가 나타나서 이견대지를 확인하기를, 또

*관리가 지방 출장 때 머무는 숙소

계속해서 사람들이 신라 문화와 문무왕의 유적을 흥미롭게 느끼며 더 많은 관심을 갖기를 기대했다.

4.
천오백 년 만에 밝힌 만파식적의 비밀

학문적 상상력을 동원한 '만파식적'의 향방

신라에는 이른바 '신라 삼보三寶'라는 보물 3개가 있었다. 황룡사에 있었던 1장 6척(약 480㎝) 크기의 대불상과 9층 목탑, 그리고 진평왕이 하늘에서 받은 옥대玉帶가 그것이다. 『고려사』에는 후삼국을 누르고 고려를 건국한 왕건王建이 전쟁이 한창일 때 "신라에는 삼보가 있어서 공격하기 참으로 어렵구나."라며 한탄했었다고 나온다. 이는 신라 삼보 자체는 불교와 왕권의 상징에 불과하지만 이를 구심점으로 하여 신라 사람들이 하나로 똘똘 뭉쳤기에 공략하기 쉽지 않아서 한 말이었을 것이다. 어찌 보면 한낱 미술품일 뿐이나, 신라 사람들은 이를 자랑스럽게 생각해 자긍심을 갖고 어려움을 극복했으니 사실 어떤 날카로운 무기나 잘 훈련된 군대보다도 더 강했던 셈이다. 신라가 처음에는 고구려나 백제보다 국력이 열세였으나 어느 순간 이들을 따라잡고 삼국을 통일까지 했던 저력의 단서를 여기서 찾아볼 수도 있다.

그런데 사실 신라 사람들에게는 '신라 삼보' 못잖은 보물이 하나 더 있었다. 바로 '온갖 근심과 걱정을 떨쳐내 주는 피리'인 만파식적萬波息笛이다. 이 피리를 불면 가뭄에 비가 내리고, 창궐하는 역병이 사라지며, 쳐들어온 외적이 물러났다고 한다. 그래서 신라 사람들은 이를 '값어치를 매길 수 없는 커다란 보배'라는 뜻으로 '무가대보無價大寶'로 여겼다. 『삼국유사』에 나오는 신라에 만파식적이 전해진 유래를 정리해보면 이렇다.

감은사를 짓고 나서 얼마 안 되어 섬 하나가 동해로 떠내려오면서 이야기는 시작된다. 섬이 육지로 다가오고 있어 사람들이 놀라고 동요하자, 신문왕이 직접 배를 타고 섬에 들어갔다. 그러자 갑자기 하늘에서 용이 내려와 섬 한가운데에 심어진 대나무 한 그루를 가리키며 말했다.

"저 대나무로 피리를 만들어 불면 외적이 쳐들어와도 물러가고, 병이 창궐해도 단박에 없어질 것입니다."

깜짝 놀란 신문왕에게 용이 다시 말했다.

"이 대나무는 바로 신라의 선왕들이 백성을 걱정하는 마음에서 내리는 것이랍니다."

이어 아버지 문무왕, 그리고 아버지와 함께 통일을 이끌었던 외삼촌 김유신金庾信 장군 등이 선물하는 옥대玉帶*도 주고 사라졌다. 그제야 신문왕은 이 모든 조화가 선대의 은덕 때문임을 깨닫고 감격했고, 섬을 나와 용의 말대로 대나무로 피리를 만들었다. 이 피리는 정말로 나라가 어려울 때마다 기적 같은 일을 일으키곤 해 사람들이 '만파식적'이라고 불렀다. 9세기에 일본이 신라를 침공하려 했으나 이 만파식적 때문에 포기한 적도 여러 번이었다. 일본이 탐내어 신라에 거금을 주며 빌리기를 청했으나 그때마다 거절하였다.

후삼국이 겨룬 전쟁에서 마침내 승리한 왕건이 신라 경순왕의 항복을 받은 뒤 경주에 입성하였다. 왕궁에서 신라의 신하들을 모아놓고 회의하다가 "신라의 보물인 만파식적은 지금 어디에 있소?"라고 물었다. 궁중 내 보물을 보관하는 천존고天尊庫에다 두었으나 근래에 잃어버렸다는 대답을 들은 그는 몹시 아쉬워했다.

*옥으로 만든 허리띠

만파식적은 그 신비로움으로 인해 근대에 와서도 1923년 11월 8일 동아일보 「조선사 신강」 연재, 1928년 조선일보 11월 17일 「고적순방」 등 언론을 통해 대중에게 꾸준히 소개되곤 했다. 그렇지만 모두 전설 속의 이야기라거나 고대 악기의 면모를 살펴보려는 정도로만 대했을 뿐, 황수영 이전에 누구도 이를 우리의 고대 미술품과 연결해보려 한 사람이 없었다.

황수영은 고대 미술품의 상징성을 살피면 당시의 역사, 문화, 신앙 그리고 더 나아가 그 작품의 유래와 기원까지 짐작할 수 있다는 지론이 있었다. 이런 관점으로 연구를 거듭한 끝에 만파식적의 자취가 신라 범종梵鍾에 남아 있음을 확신했다.

범종은 한국·중국·일본 모두 형태가 비슷하고 종의 바깥 면을 나무로 때림으로써 소리를 내는 방식인 것도 같다. 그러나 우리나라 범종은 '용뉴龍鈕'라고 부르는 종 맨 윗부분에서 고유의 의장意匠이 보인다. 범종에서 용은 '하늘의 전령'임을 상징하는데, 중국과 일본은 용 두 마리가 서로 등지고 앉은 모습이 보통이나, 우리나라는 한 마리가 등에 길쭉한 원통을 짊어진 모습이라서 확연히 다르다. 또 원통을 유독 사실적으로 아주 섬세하게 표현한 점도 우리만의 특징이다.

이 용뉴에 대해서 그는 이전까지 어느 누구도 생각하지 못했던 새로운 발상을 떠올렸다. 그는 미술품에서 어떤 부분이 유달리 강조되어 있다면 그건 역사의 흔적을 담고 있기 때문이라고 판단했다. 그래서 중국과 일본 범종의 용이 비교적 간략적, 형식적 묘사인 데 비해 우리나라 범종의 용은 실제로 눈앞에 나타난 듯이 아주 사실적으로 실감이 나게 표현한 점을 예사롭게 보지 않았다. 우리나라 범종이 메고 있는 원통에도 용 못잖게 갖은 장식을 베풀어 아름답게 꾸며놓았다. 그러자 자연스럽게 이런 의문이 들었다.

'이런 용과 원통에는 분명 중요한 뜻이 있었을 텐데, 그렇다면 아마도 범종의 기원과 관련 있는게 아닐까?'

오랜 시간 숙고한 끝에 그는 드디어 신라 만파식적에서 그 기원을 찾았다. 원통을 자세히 보면 중간에 아래위로 띠 몇 개가 둘려져 있어서 마치 마디를 이루는 것처럼 보인다. 이는 곧 대나무로 만든 피리 만파식적을 표현한 게 아니냐는 결론에 다다랐다. 다시 말해서 신문왕을 찾아온 용이 그에게 만파식적을 건네준 이야기가 범종의 용뉴로 표현되었다고 본 것이다. 그는 '만일 그게 아니라면 중국·일본과 다르게 왜 우리나라 범종만 이렇게 공들여 표현했겠는가?'라고 생각했다.

전설로 전하는
만파식적을 형태화 한
신라 범종의 용뉴(성덕대왕신종)

그때까지 학자들은 이 원통이 종소리를 바깥으로 빼내는 장치로 보고 음통音筒, 음관音管이라고 불렀다. 하지만 황수영은 원통은 소리를 배출하는 기능과는 아무 관련이 없을 것으로 추정하였다. 실제로 1990년대에 음향학계에서 장비를 동원해 계측하였더니 타종하여 안에서 발생한 소리는 대부분 아래로 해서 외부로 빠져나가고, 원통으로 배출되는 소리는 5% 미만으로 조사되었다. 그의 이런 주장은 더욱 힘을 얻었다.

그런데 그가 단순히 형태만 보고 범종의 용과 원통을 만파식적과 연관시킨 건 아니었다. 성덕대왕신종 몸통에는 830자로 된 문장이 새겨져 있는데 그중에서 만파식적의 존재를 암시하는 글귀를 찾아낸 것이다. 예를 들어 '동쪽 바다 위에 사는 선인들이 지녔던 것'(東海之上 衆仙所藏)이라고 한 것은 만파식적을 동해의 섬 위에서 용으로부터 건네받았던 일을 은유적으로 표현하였고, 따라서 범종에 이 만파식적을 올려놓음으로써 드디어 '신령한 보배가 완성되었다'(神器化成)라고 말한 것으로 파악한 것이다. 그런즉 이 원통을 음통이나 음관이 아니라 『삼국유사』에 나오는 '신적神笛'이라고 부를 것을 제안했다.

7세기에 나온 만파식적 신화가 8세기에 범종의 장식으

로 번안되었다는 주장은 비록 당장 증명할 수 있는 명제는 아니지만 획기적 발상인 건 분명했다. 그 바탕에는 그의 깊은 연구 활동으로 다져진 학문적 상상력도 있었다. 역사에서 상상력은 새로운 사실을 알아내는 데 유용한 도구이다. '상상력은 지식보다 중요하다. 지식에는 한계가 있으나 상상력은 세상을 감싼다.'라는 격언이 이 경우에 딱 들어맞았다.

그는 이런 생각을 좀 더 가다듬고 나서 1981년 「만파식적 설화의 일고찰」이라는 논문을 발표했다. 그러자 언론에서 큰 흥미를 보여 소개했고, 이를 접한 대중은 '우리에게 이런 보물이 있었다니!' 하며 우리 고대 미술의 신비를 알게 되어 기쁘다는 반응이 많았다. 지금 학계에서도 대부분 그의 이 주장을 인용하고 있다. 고려 왕건이 "신라의 보물인 만파식적은 지금 어디에 있소?"라고 한 물음에 황수영이 대답해준 셈이다.

한편 만파식적이 장식된 가장 오래된 범종 중 하나가 상원사 범종과 더불어 지금 국립경주박물관 마당에 있는 성덕대왕신종이다. 이 범종은 대중에게 '에밀레종'이라는 애칭으로 불리는 등 가장 유명한 범종이기도 하다. 그런데 황수영은 이 명칭이 대단히 잘못되었음을 강조하곤 했다. 일제가 우리의 문화를 폄훼하려고 지어낸 거짓말이라는 것이다.

'에밀레종'의 유래는 우리나라 국민에게 잘 알려져 있다. 경주 봉덕사에서 대종을 만들고 있었는데 쇳물을 부으면 깨져버리는 일이 계속 반복되었다. 이때 한 가난한 여인이 절에 시주를 하고 싶으나 가진 게 아무것도 없어 대신 아기를 바쳤다. 그리고 종을 다시 주조할 때 이 아이를 넣었더니 이번에는 단박에 완성되었다. 하지만 그 뒤로 종을 칠 때마다 엄마를 부르는 듯한 '에밀레~'라는 소리가 들리더라는 것이다.

아기를 희생시켜서라도 종을 완성하려 했다는 건 도저히 일어날 수 없는 일인 데다가 섬뜩하기까지 하다. 그가 여러 경로로 왜 이 말이 나왔는지 조사해보니 일제강점기에 처음 등장한 말이었다. 일제강점기에 일본이 우리 문화를 야만적으로 보이도록 오래전부터 있었던 이야기인 양 꾸며서 보급했다는 것이다. 그는 글이나 강연 등 기회가 될 때마다 '에밀레종'은 결코 애칭으로라도 써서는 안 되고, 그보다는 이 종에 새겨진 이름대로 '성덕대왕신종'이라고 부르는 게 맞다고 말했다.

5.
백제미술 연구를 향한 열정

백제미술의 우수성

고구려·백제·신라 고대 삼국 모두 저마다의 특성을 발휘해 불교미술이 발달하였다. 그런데 그중에서 신라가 가장 오랫동안 이어지고 불교미술도 많이 남아 있어 학자들의 연구도 활발하고 그만큼 대중의 관심도 많았다. 그에 비해서 백제의 불교미술은 그 높은 예술성이 비교적 늦게 알려진 편이다. 남아 있는 작품의 수가 상대적으로 적은 데다가 그간 연구자들이 신라미술에 좀 더 집중했기 때문이기도 하다.

오히려 일찍이 해외 학자들이 먼저 백제미술의 우수성에 주목했다. 미국의 저명한 미술사학자로 일본 미술에 정통했던 어니스트 페놀로사Ernest Fenollosa(1853~1908)는 백제미술을 이렇게 평가했다.

"먼저 한국 고대 미술[백제미술]의 연구 성과를 가지고서 중국과 일본 미술을 논해야 한다. …… 서기 600년 무렵 한국의 미술은 찬란한 융성을 이루었고, 확실히 중국·일본 두 경쟁자를 능가했다고 할 수 있다."

— 페놀로사, 『동양미술사강東洋美術史綱』 상권

일본의 야나기 무네요시柳宗悅(1889~1961)도 백제미술을 고대 동양 미술의 정수라고 말했다.

"일본의 국보로서 세계에 자랑하고, 세계의 사람들도 그 아름다움을 인정하는 작품의 다수는 도대체 누구의 손으로 만들어진 것인가? 그중 국보 중의 국보라고 불리는 것 전부는 실로 조선 민족에 의한 게 아닌가? 이는 역사학자들도 인정하는 틀림없는 사실이다. 그 작품들은 일본의 국보라기보다 정당히 말한다면 조선의 국보라고 해야만 한다."

— 야나기 무네요시, 「조선의 미술」, 『조선과 그 예술』

페놀로사나 야나기 무네요시가 말한 '한국의 미술'은 곧 백제미술을 가리킨 것이었다. 이들은 『삼국사기』나 『일본서기』 같은 역사서와 함께, 백제가 일본에 보냈거나 백제의 장인이 일본에 건너가서 만들어 지금도 일본에 전하는 고류지廣隆寺 불상, 호류지法隆寺 오층 목탑 같은 유물에 대해 이런 주장을 했다. 그런데 만일 이들이 그 뒤 우리나라에서 발견된 백제 미술품까지 보았더라면 어떤 찬사를 쏟아냈을지 궁금하다.

백제미술의 정수, 서산마애삼존불

황수영은 우리나라 고대 미술에 있어서 백제가 이뤄낸 성취를 여러 작품을 정교하게 연구하여 확인하였고, 이를 세상에 알리는 데에 힘을 쏟았다. 그런데 그를 포함하여 우리나라 학자가 백제 불교미술을 제대로 평가하기 시작한 것은 1950년대 후반에서 1960년대 초반, 충청남도 서산에 자리한 서산마애삼존불(1959년) 및 태안마애삼존불(1961년), 그리고 충청남도 연기 비암사의 불비상(1958~1961년) 등이 발견된 후부터다. 그때까지 대중은 물론 학계에도 전혀 알려지지 않은 작품들이었다. 그런즉 황수영이 이들 모두를 혼자서 다 발견한 건 아니나, 그가 심혈을 기울여 연구함으로써 불교 미술사 전체로서도 큰 가치를 지니는 명작임을 밝혀냈다고 할 수 있다. 그래서 이들은 곧 '황수영의 백제 불상 연구 3부작'이라고도 할 만했다.

서산마애삼존불은 1958년 홍사준 부여박물관장이 처음 발견했다. 수덕사를 조사하다가 서산시 운산면 용현리 '인바위[印巖]'라고 불리는 곳에 오래된 불상 하나가 새겨져 있다는 말을 듣고 찾아나섰다. 덕산을 지나 해미장터로 온 다음 여기서부터 기다랗게 이어지는 시내를 따라 8㎞쯤 걸어갔다. 여기서 산 아래로 흐르는 개울을 건너 계곡 사이로 나 있는 가파른 좁은 산길을 올랐더니 과연 커다란 바위에 삼존불상이 새겨져 있었다. 그는 곧바로 황수영에게 알렸다. 황수영은 '새로운 백제 불상을 발견한 것 같다'라는 홍사준의 연락을 받자마자 다른 일을 젖혀두고 현장으로 달려갔다. 백제미술의 연구는 그에게 그만큼 중요했기 때문이다.

그는 삼존불상을 대하는 순간 한눈에 대단한 불상을 발견했음에 가슴이 벅찼다. 그때까지 드물게 보는 백제 불상인데다가 오랜 세월을 지나면서도 주변 바위에 이끼만 끼었을 뿐 큰 상처 없이 잘 보존되어 온 게 고맙기도 했다. 그런데 벅찬 감정을 누르고 자세히 보니 삼존상의 배치와 구도가 아주 특이했다. 삼존상은 보통 보살상이 좌우에 배치되는데, 이 서산마애삼존불에서는 그중 하나가 반가사유상이었다. 의자에 앉아

황수영이 학계에 최초로 보고한 서산 마애삼존불

서 턱을 괴고서 깊은 생각에 잠겨 있는 모습의 반가사유상은 단독상으로는 적지 않게 전해 내려오지만, 이처럼 삼존상 중 하나로 배치된 예는 처음이어서 무척 흥분되었다. 무엇보다도 그의 눈을 확 뜨게 만든 것은 불상과 두 보살의 얼굴이었다. 삼존상 모두 힘들게 여기까지 온 나그네를 반갑게 맞이하는 듯 이 앞을 보며 활짝 웃고 있지 않은가!

'아, 이렇게 사람을 편하게 해주는 불상도 있구나!'

그는 한참을 바라보며 눈길을 떼지 못했다. 이 서산마애삼존불은 그의 연구 결과 7세기 백제 문물 최전성기의 작품이며, 서해안과 가까운 이 자리에 새겨진 것은 당시 활발했던 중국과의 문물 교류와 큰 관련이 있기 때문이라고 밝혀졌다. 불상의 조각 솜씨나 예술성이 백제미술을 대표할 만하여 얼마 뒤 국보로 지정되기까지 했다. 황수영도 반한 삼존상의 미소는 국민에게도 큰 인상을 주었다. 백제미술에서 느껴지는 전반적인 온화함과 부드러움을 가장 잘 집약한 미소로 여겨져 이 불상의 미소는 '백제인의 미소'로도 불리게 되었다.

황수영은 서산마애삼존불의 가치와 의미를 논문과 언론 기고 등을 통해 적극 알렸다. 그간 저평가되었던 백제미술의 높은 수준을 알릴 기회로 보았기 때문이다. 이 불상을 처음

서산마애불을 닮은 미소, 칠순 생일 때 부인 박홍경과

발견하지는 않았으나 그 진정한 가치와 의미는 바로 그에 의해서 처음으로 연구되고 알려졌다고 할 수 있다. 얼마 뒤 어느 학술발표회에서 황수영이 서산마애삼존불 발견을 알리는 발표를 하였다. 깜깜한 실내에서 서산마애삼존불을 슬라이드 사진으로 하나하나 보여주며 설명해 나갔다. 스크린에 본존상 얼굴을 가까이서 찍은 사진이 나올 때였다. 갑자기 청중 한쪽에서 나지막한 탄성이 흘러나왔다. 처음에는 속삭이던 소리가 이내 몇 사람이 나지막이 웃는 소리로 이어졌다. 누군가 마애삼존불 사진 아래 서 있는 황수영의 얼굴이 본존불상과 너무 닮았다고 하자 모두들 '과연 그렇네!' 하다가 웃음보가 터진 것이었다. 그 얘기를 듣자 황수영도 웃었다. 그랬더니 정말 서산마애삼존불 본존상과 그의 미소가 똑같아 보였다. 여기저기 박수가 터졌다. '인연이네, 인연이야!' 그 뒤로 황수영의 별명은 '서산마애삼존불'이 되었고, 그의 미소는 이 본존불상을 닮은 명품 미소로 알려지게 되었다.

    서산마애삼존불 발견 3년 뒤 이번에는 태안군 태안읍 백화산 정상 아래에서 다시금 백제 마애삼존불상을 발견하였다. 서산마애삼존불과 얼마 떨어지지 않은 거리였다. 이번에도 홍사준이 서산교육청의 이은창李殷昌(1922~2019, 훗날 효성여자대학교와 대전보건대 교수 역임)과 먼저 이 불상을 확인한 다음 황수영에게 연락하여 본격적으로 조사하게 되었다. 황수영은 태안마애삼존불 역시 서산마애불과 제작 연대가 비슷하고 또 반가사유상이 있는 점을 들어 7세기 백제 사람들이 반가사유상을 매우 중요하게 여겼던 역사적 배경까지 밝혀냈다.

백제사를 새로 쓰게 한 부여와 익산의 고적 조사 연구

황수영은 신라미술과 더불어 백제미술 연구에 평생의 힘을 쏟았다. 백제미술에 대한 그의 열정은 일찍이 1947년 부여박물관의 홍사준과 함께 사택지적비를 발견하면서 시작되었다고 할 수 있다. 이후 그는 백제의 역사와 미술을 연구하는데 더욱 열성을 띠었다.

『삼국사기』나 『삼국유사』에 나오는 백제 문화 관련 기록을 샅샅이 훑었고, 백제의 고도였던 부여와 익산을 수없이 찾으며 현장을 조사했다. 그런 노력의 결과가 곧바로 잇달아 학계에 발표되었다. 특히 부여의 여러 유물과 유적의 조사와 연구에 진력하였다. 그리고 이런 연구가 결실을 맺어 우리나라에서 가장 오래된 석탑인 정림사지 오층석탑의 미술사적 가치를 밝혀내는 등 백제 역사 연구에 큰 공헌을 한 것이다. 정림사지 오층석탑은 6세기 후반에서 7세기 초반에 제작된 것으로 당시 백제의 찬란한 문화력이 발현되어 탄생했다. 석탑으로서 갖는 최고의 아름다움, 1,300년이 지난 지금까지도 건재할 만큼 수준 높은 건축기술 등으로 인해 우리나라 미술사상 걸작으로 꼽힌다. 그런데 660년 백제에 쳐들어온 당나라 소정방이 이 탑에다 자신의 공적을 새겨버렸다. 그 탓에 일제강점기 일본 학자들은 '평제탑平濟塔'*이라고 부르며 가치를 의도적으로 평가 절하했다. 그러나 고유섭·황수영 두 사제가 이런 잘못된 관점을 고치고 이 탑이 백제의 융성했던 문화를 보여주는 명작임을 밝힘으로써 지금은 우리의 자랑스러운 국보가 되어 있다.

익산에서도 황수영의 연구는 빛을 발했다. 1965년 왕궁리 오층석탑을 수리하는 과정에서 고려 초기의 사리장엄을 찾았다. 고려의 화려한 공예미술이 다시 한번 학계에 알려지면서 고려 문화를 바라보는 대중의 관심도 한층 높아지게 되었다. 또 미륵사지에서도 중요한 성과를 많이 냈다. 미륵사지에 남은 서탑이 부여 정림사지와 더불어 우리나라에서 가장 오래된 초기 석탑임을 밝혔고, 이런 연구를 더욱 발전시켜서 백제 무왕이 부여에서 익산 천도를 계획하고 이를 위해 미륵사 창건에 공을 들였다는 역사적 맥락까지 파악한 것이다. 이는 미술사

*백제를 평정하고 지은 탑

학뿐만 아니라 역사학에도 큰 영향을 주었다. 그가 이런 연구 결과를 발표하자 학계는 익산 지역과 미륵사지에 관한 새로운 관심을 기울이게 되었다. 이는 결국 1980년대에 익산 미륵사지를 본격 발굴하게 되는 계기가 되었다. 미륵사지 발굴은 이후 20년 가까이 이어져 경주 황룡사지 발굴과 함께 우리나라에서 가장 긴 발굴조사로 기록되었다. 이처럼 그가 서산마애삼존불을 비롯해 부여와 공주의 유적을 조사하여 연구 성과를 냄에 따라 우리 하계의 백제미술 연구의 차원이 한 단계 높아지게 되었다. 아울러 백제와 백제미술을 바라보는 대중의 관심도 크게 높아진건 물론이다.

    2009년 미륵사지 서탑을 해체 복원할 때 고대 공예미술의 최고 수준을 보여주는 백제 사리장엄이 발견됨으로써 학계와 대중이 다시 한번 백제를 주목하게 되었다. 지금은 백제의 미술과 역사 연구가 이전과는 비교할 수 없을 만큼 상당한 수준까지 올라와 있다. 이는 1940년대이래 수십 년간 황수영이 백제미술 연구에 힘을 쏟았던 데에 힘입은 바가 컸다고 할 수 있다.

6장

서산 마애불을 닮은 미소

1.
한국 미술사 연구의 산실 고고미술동인회

고고미술동인회 창립

1960년대 초반까지만 해도 우리나라 미술사학계는 황무지나 다름이 없었다. 미술사 연구자는 극소수였고 일반 사람에게 '미술사'는 생소한 이름이었다. 6.25전쟁을 거치고 얼마 안 된 어려운 시기여서 인문학의 기본이랄 수 있는 사학이나 어학계통 학문마저도 어려움을 겪고 있을 때이니, 그보다 저변이 훨씬 약한 미술사학이 자리를 못 잡았던 건 어쩌면 당연했다.

이런 척박한 때에 가뭄의 단비처럼 1960년 8월 '고고미술동인회(考古美術同人會)'가 발족했다. 고고미술동인회는 연구자들이 모여 서로의 지식과 정보를 교환하고 공부하는 구심점이었고, 월 1회 발행하는 학회지 『고고미술』은 이들이 연구 성과를 발표할 수 있는 거의 하나밖에 없는 지면이었다. 이렇게 해서 고고미술동인회는 미술사와 고고학을 연구하는 학자들이 나름대로 힘껏 공부할 수 있는 토대가 마련될 수 있었다. 그래서 이 학회와 학회지가 사실상 고고미술사학계의 '유일한 등불'이었다고 말하기도 한다.

학회는 처음 진홍섭·정영호·김원룡·최순우·윤무병·홍사준·전형필 등 미술사학과 고고학의 최정예 전문가들이 발기인으로 참여하며 시작되었다. 특히 황수영의 안목과 의지가 창립과 이후 활동에 큰 도움이 되었다고 훗날 많은 사람이 인정하고 있다. 일본에서 고교와 대학을 다니며 체험한 선진 학회 시스템과 운영을 잘 알고 있었던 황수영은 우리도 이런 학회가 필요하다는 걸 일찍 깨닫고 학회 설립에 앞장선 것이다.

어렵게 설립된 만큼 동인 모두 공부에 대한 열성과 우리 문화재를 지키고 알려야겠다는 사명감도 대단했다. 그들은 오십 리, 백 리쯤 거리는 예사로 걸어 다녔다. 누가 알아주지 않아도 공부 자체가 좋아서 전국 방방곡곡 절터며 유적지를 제 돈 들여 다니며 새로운 문화재를 찾아내고 연구했다. 그리고 자신들의 성과를 논문으로 쓴 『고고미술』을 매월 한 번도 거르지 않고 간행했다. 초창기에는 일명 '가리방'이라고 하여 한 사람이 잡지에 실을 글 전체를 모두 철필로 쓰고 이를 등사謄寫

하여 찍어내는 방식이었다. 사진이 들어갈 자리는 중간에 공백을 두었고, 등사가 다 된 책들은 약속된 날짜에 동인 중 한 사람의 집이나 사무실에 가져간 뒤 자기가 쓴 부분에 들어갈 사진을 자기가 직접 풀로 붙여서 완성했다. 100부를 등사했으면 자기가 풀로 붙여야 할 사진도 100장 붙이게 된다. 이런 노고를 하면서도 그들은 힘들어하기는커녕 연구한 자료를 다른 사람에게 보여주며 의견도 묻고, 정보도 교환하며 즐거워했다. 『고고미술』을 완성하기 위해 모이는 날은 한 달마다 돌아오는 잔칫날이곤 했다.

연구자, 학회, 학술지는 학계 발전의 3대 기본 요소이다. 미술사학계는 초창기부터 이런 시스템을 갖춤으로써 이후 비약적으로 발전할 수 있었다. 미술사학의 선진국이라 자부하던 일본 미술사학계 조차 '아니, 어떻게 저렇게 빨리 발전할 수가 있지?' 놀라며 감탄했다. 이렇게 정성스럽게 연구한 성과가 하나둘씩 모여 세상에 알려지기 시작했는데, 그중에는 보물이나 국보급 문화재에 관한 발견과 조사도 있었다. 이는 신문 등을 통해 대중에 소개되었고, 그때마다 국민은 '아! 그런 대단한 유물이 아직도 남아 있었네!'라거나 혹은 '우리 조상들의 솜씨가 역시 대단했지!'라며 감탄하고 기뻐했다. 이들의 활약이 전쟁 등으로 지쳐있던 우리 국민에게 조금이나마 위안을 주며 다시금 일어서야겠다는 희망을 주기도 한 것이다.

위기에 빠진 고고미술동인회를 반석에 올려놓다

고고미술 동인회 활동 초기에 큰 힘이 되어준 이는 간송澗松 전형필全鎣弼(1906~1962)이다. 간송미술관의 창립자이자 고미술 애호가인 그가 넉넉하지 않은 학회의 살림을 도와주며 학회 운영의 든든한 버팀목이 되어준 것이다. 그런데 학회가 자리를 잡아나갈 무렵 전형필이 서거하였고, 학회 운영도 크게 힘들어졌다. 이때 황수영이 팔을 걷어붙이고 나섰다. 황윤극, 장형식, 윤장섭 등 개성 출신 기업인 독지가를 찾아가 후원을 약속받으며 기금을 늘리고 운영비도 확보했다. 어려운 시기에 학회가 흔들리지 않고 유지될 수 있도록 한 것이다. 훗날 함께 활동했던 동인들은 "그때 황 교수가 학회에 돈을 마련하려 백방으로 뛰어다니곤 했지!"라며 이구동성으로 말하기도 했다.

덕분에 학회 활동이 다시 활발해지자 회원도 늘어나게 되어 1968년 2월 '한국미술사학회'로 확대 개편했다. 『고고미술』도 1990년 12월부터 『미술사학 연구』로 책 이름이 바뀌었다. 미술사 연구 영역이 점점 치밀해지고 세분함에 따라 처음에 함께

고고미술동인회 경주 답사에 함께 한
간송 전형필(앞줄 왼쪽에서 두 번째,
1967년)

시작했던 고고학과 분리해 미술사학 만의 방향을 더욱 구체화할 필요가 있어서였다. 황수영은 한국미술사학회로 재출범한 직후 1971~1972년 학회장을 맡아 발전을 이끌었다. 그때까지 1년에 2~3회 비정기로 열던 학술발표회를 매월 한 번씩 열어 회원들 연구 의욕을 더욱 북돋웠다. 첫 월례 학술발표회는 서울 종로구 인사동에 자리한 고서점 통문관 사옥 2층에서 열렸는데, 첫 발표는 대하소설『토지』를 지은 소설가 박경리의 딸로 연세대학교와 홍익대학교에서 사학·미술사를 전공한 김영주金玲珠(1946~2019)가 했다.

2.
미술사학의
인재들을 길러내다

학문을 시작했던 국립박물관의 관장으로 돌아오다

황수영은 1971년 9월부터 1974년 3월까지 국립중앙박물관 관장을 지냈다. 전임 관장이자 서울대 고고학과 교수이던 김원룡은 우리나라 고고학 1세대 학자로 글을 잘 쓰고 문인화도 능했으며 또 성격도 호탕한 사람이었다. 임기를 마친 김원룡은 박물관을 나오자마자 지프를 직접 몰고 황수영을 만나러 동국대학교까지 왔다. 지프를 도서관 앞에 주차하고서는 곧바로 혜화관에 있는 황수영의 연구실로 성큼성큼 들어섰다. 그리고는 주머니에서 열쇠 하나를 꺼내 건네주며 말했다.

"자, 이제는 당신 차례요. 관장실 열쇠 여기 있소."

그러고는 껄껄 웃었다. 그 모습이 황수영의 기억에 오래도록 남았다.

당시 국립중앙박물관은 경복궁에 있다가 덕수궁 석조전 옛 덕수궁미술관 자리로 옮겨와 있었다. 하지만 이전보다 소장 유물이 더 많아졌고 관람객도 늘어서 국립박물관으로 기능하기에는 규모가 너무 작았다. 황수영은 부임하자마자 경복궁 내에 새 독립 건물을 짓고 이전하는 일을 추진했다. 이 계획은 차질 없이 진행되어 2년 뒤 성공적으로 이전을 마쳤다. 국립중앙박물관은 현재 용산에 새로 지은 건물로 다시 옮겼고, 예전 그 자리에는 국립고궁박물관이 들어서 있다. 이렇듯 행정가로서도 큰 성과를 냈고, 이런 능력은 이후 동국대학교에서 교수, 총장으로 있을 때도 유감없이 발휘되었다.

국립중앙박물관의 숙원 사업을 해결하며 임기를 마친 그는 1974년 다시 대학으로 돌아와 곧바로 동국대학교박물관을 창설했다. 이후 1980년까지 박물관장을 지내며 전국에서 손꼽는 대학박물관으로 키워냈다. 직접 발굴단과 조사단을 이끌고 국내 유적을 탐사하고 유물을 수집함으로써 소장 유물의 질적, 양적 수준과 박물관으로서 전시 기능이 크게 높아지게 된 건 물론이다.

당시만 해도 전문 도굴범들이 전국 절터에 남아 있는 석탑이나 부도 등을 도굴하는 사례가 적지 않았다. 도굴된 유물은 불법으로 은밀히 거래되기에 어디서 나왔는지 모르게 하거나 거짓으로 말하는 탓에 작품의 가치가 왜곡되어버리는 문제가 생긴다. 또 이 사람 저 사람 손을 거치면서 훼손되기도 한다. 그는 이런 유물들을 감별하고 감정하면서 되도록 유물 소유자들에게 박물관이라는 공적 기관에 기증하여 제대로 관리받아야 한다고 설득하였다. 모두가 인정하는 학계 최고의 전문가로서 깊은 학식에서 우러나오는 그의 말에는 상당한 설득력이 있었다. 그의 노력 덕분에 자칫 제자리를 잃고 떠돌 수 있는 유물이 동국대박물관으로 오게 된 사례가 많았다.

미술 연구의 요람이 된 동국대학교

그는 1971년 동국대학교 미술대학에 불교미술학과를 만들어 △불교미술 실기 △불교문화재 전공을 두었고, 1983년 대학원에 미술사학과를 개설하는 데 큰 힘을 보탰다. 이는 미술사학계 전체로 보더라도 매우 의미 있는 업적이라고 할 만했다. 불교미술 전공은 불화나 벽화, 단청 등 불교 회화를 익히는 과정이다. 우리나라 불화는 동아시아에서 단연 독보적 위치에 있었다. 고려시대에서는 섬세한 선, 화려한 색상과 무늬, 그리고 여기에 더하여 배채법背彩法*과 같은 선구적 채색 기법 등이 발휘된 세계 일급의 회화를 탄생시켰다. 이런 기법과 전통이 그대로 이어진 조선시대 불화도 상당한 경지를 이루었다. 특히 화면 중심에 자리한 불상을 중심으로 등장인물을 화면 좌우로 가득히 배치하는 특유의 '군도群圖 형식'을 개발했고, 선은 더욱 부드러워지고 유려해졌다. 또 채색에는 화려한 색감이 무리 없이 사용되었는데 수묵화가 주류를 이루던 조선시대 화단에 불화를 통한 채색화의 전통이 잘 이어졌다고 볼 수 있다. 그러나 구한말과 일제강점기를 거치는 동안 그 전통과 명맥이 거의 사라져가고 있었다. 불교미술 전공은 그런 한국 불화의 전통을 이어 현대 불화 제작의 장인을 양성하고, 사찰이나 고궁 등 고건축에 장식된 벽화·단청의 복원과 보수를 담당할 인력을 길러내는 역할을 하였다.

  1981년 동국대학교 대학원에 설치된 미술사학과는 개설 40주년 되던 2021년까지 석사 342명, 박사 57명을 배출하는 등 우리나라 미술사학 전문 연구자의 산실이 되었다. 미술사는 미술의 경향과 양식 그리고 흐름을 연구하고, 이것이 미술 작품에 어떻게 투영되었는지 그 역사적 맥락을 파악하는 학문이다.

*캔버스 뒤에 바탕색을 먼저 발라 화면에 칠하는 색감을 더욱 깊이 있게 해주는 기법

서양에서는 미술사가 주요 인문학의 하나로 자리 잡고 있었고, 일본만 해도 미술사만의 주체적 연구가 활발했다. 그러나 우리나라에서는 대학원 과정으로 홍익대학교 대학원의 미학·미술사학과(1973)가 처음이었고, 미술사학과 단독으로는 이화여자대학교(1980), 홍익대학교(1981)뿐이었다. 이런 상황에 대부분 논문은 사학과·미술학과 같은 인접 학과에서 나오는 실정이었다. 동국대학교 미술사학과가 설치된 이후로 충북대, 동아대, 덕성여대, 원광대, 명지대, 고려대 등에도 미술사학과 또는 고고미술사학과가 잇달아 개설되었다.

  동국대학교 미술사학과는 불교 종립학교라는 특성과 함께 불교미술사학의 최고 전문가 황수영 교수가 오랫동안 자리에 있으면서 후학을 양성한 덕에, 이러한 전통을 이어받아 지금 불교미술사 분야의 요람으로 당당히 자리매김하고 있다. 불교문화재는 우리나라 전체 국가 지정 문화재의 70~80%나 될 만큼 비중이 높은 만큼 한국 미술사를 말하려면 불교미술과 불교문화재를 빼고는 설명할 수 없을 정도이다. 따라서 이 분야의 전문가를 길러내는 동국대학교 미술사학과가 학계에 미치는 영향은 충분히 짐작되고 남는다.

3.
캠퍼스에서 만난
황수영

'우리 교수님', 황수영

황수영은 1955년부터 1984년 정년퇴임까지 동국대학교에서 30년 가까이 후학을 양성하며 많은 연구 업적을 남겼다. 동국대학교는 황수영이 안정적 연구를 할 수 있었던 '둥지'였다. 그는 1955년 불교대학 인도철학과로 부임했다가 1974년부터는 인문대학 사학과로 옮겼다. 미술사학과 역사학은 둘 다 역사 연구가 본질이므로 스스로에게나 학생에게나 공부하기에 더 나은 환경이 되었다.

그가 대학에서 맺은 학연 외에도 그의 인품에 매료되어 찾아와 가르침을 청한 이들이 많았다. 그런데 그는 누구와 얘기를 하든 상대의 처지와 기분을 배려하면서 먼저 얘기를 들은 다음 설명해주곤 했다. 강의실이나 연구실에서 이렇게 조용한 목소리와 늘 일정한 어조를 유지하며 말하는 그에게 귀 기울이지 않은 사람은 없었다. 또 사학과 학생들끼리는 꼭 그를 '우리 교수님'이라고 불렀다. 그런데 이 '우리 교수님'은 수업 중에 '경주 대왕암'과 '만파식적'을 빼놓지 않곤 하여 강의를 들은 학생들은 "우리 교수님 수업은 대왕암에서 시작해서 대왕암으로 끝나."라며 웃곤 했다. 강의 내용이 한결같다는 푸념이 아니라 그가 해주는 대왕암 얘기가 너무나 신기하고 재미가 있는 데다가, 듣고 나니 우리 역사에서 전에 몰랐던 걸 알게 되어서 감탄으로 하던 말이었다. 감은사지, 용장사지, 그리고 석굴암 등 동해구의 유적이 모두 하나로 연결되는 역사적 맥락을 이해하려면 삼국통일을 이룬 신라의 기상의 상징인 대왕암부터 먼저 주목해야 한다는 게 평소 그의 지론이었다. 수업 때도 이를 강조하느라 그 얘기를 빠트리지 않은 것이다. 유적들의 이름부터 듣는 사람에게 큰 호기심을 일으키는 데다 용이 나오고, 모든 소원을 다 들어준다는 피리가 나오고, 바다 한가운데에 왕릉이 세워지고 하는 등등 그의 얘기는 역사와 문화 그리고 미술에 대한 새로운 시각을 열어주기 충분했다. 거기다가 이 모든 이야기가 전설이 아니라 역사적 사실이라니… 이런 그의 강의에 학생들은 지루한 줄 몰랐다.

학문의 완숙기를 거쳐 미술사학계의 원로이자 웃어른으로 존경을 받던 1980년대 초중반, 그는 동국대 총장이 되어 학교 운영을 책임지게 되었다. 교수로서 최고 영예라고 하겠으나, 그는 그런 자리에 큰 욕심은 없었다. 가까운 사람들에게는 심각한 얼굴로 "아직 다녀봐야 할 유적도 많고 공부도 많이 밀렸는데 이런 직책을 맡아 큰일이야"라고 말하곤 했다. 그를 잘 아는 사람은 그 말이 본심임을 잘 알고 있었다.

그가 총장으로 부임한 지 얼마 안 된 1981년 4월, 동국대학 야구부가 전국대회 결승에 진출했다. 야구부는 준우승을 밥 먹듯 자주 한 강팀이었으나 우승 운이 없었는지 아직 한 번도 우승 경력이 없던 터라 그해 다시 결승전에 오르자 모든 학생과 교직원이 '이번에는!' 하며 큰 기대를 하고 있었다. 대부분 수업은 휴강했고, 많은 학생이 동대문야구장으로 모였다. 이런 전교 차원의 응원 덕분이었는지 야구부는 창단 이래 첫 우승컵을 거머쥐었다. 야구부원들이 달려와 본부석에 앉아 응원하던 황수영 총장을 어깨 위에 무동 태우고서 경기장을 한 바퀴 돌았다. 두 손을 번쩍 들며 인사하는 그의 얼굴에 특유의 서산마애삼존불을 닮은 미소가 가득 퍼졌다.

생활은 검소하게, 생각은 고상하게

그가 제자들에게 즐겨 해주었던 말 중 하나가 영국 시인 윌리엄 워즈워스의 시 'London, 1802'의 한 구절이다. '생활은 검소하게, 생각은 고상하게 Plain living and high thinking'. 공부는 영달을 이루거나 큰돈을 버는 일이 아니고 성취를 이루기까지 긴 시간이 걸리기 마련이므로 평소에 생활을 알뜰하게 해야 한다는 뜻이었다. 특히 미술사학은 답사도 가야 하고 비싼 책도 많이 사봐야 해서 더욱 그런 면이 있다. 개성상인의 집안에서 태어나 대학에서 경제학을 공부하며 뚜렷해진 경제관념에다가 자신이 오랜 세월 동안 공부하면서 겪은 경험이 녹아든 말이기도 했다. 어쩌면 당부는 제자에게 했으나 실상 이 말은 곧 자신이 평생 추구했던 삶의 방향이었을 것이다.

    총장이 되어서도 황수영은 미술사학과를 향한 관심을 놓지 않았다. 비록 직접 가르치거나 논문을 지도하지는 못해도 후학들이 어떻게 공부하는지가 늘 궁금하고 염려되었기 때문이다. 그래서 대학원 미술사학과 입학 면접에는 시간이 되는 한 직접 면접관으로 나오기도 했다. 긴장한 채 앉은 지원 학생에게 그는 이런 질문을 빼놓지 않았다.

"자네, 집에 여유가 좀 있나?"
"…?"

전혀 예상하지 못한 질문을 들은 학생은 거의 다 우물쭈물하며 대답을 못 하기 일쑤였다. 그는 그런 모습을 잠시 보다가는, 눈꼬리를 살짝 내리는 특유의 인자한 눈웃음을 지으며 다시 말했다.

"미술사 공부는 여유가 있어야 하네. 책도 많이 사봐야 하고, 답사도 많이 가야 하니까."
그제야 무슨 말인지 알아들었다는 표정을 보이는 학생에게 재차 이렇게 말했다.
"그러니, 우리 학교에 오게 되거들랑 무엇보다 공부 열심히 해야 하네."
"네, 그러겠습니다."

게으름 피우지 말고 공부 열심히 하라는 뜻이었다. 듣기에 따라서는 공부를 어떻게 돈과 연관시키느냐고 생각할지 모르지만, 이 말은 곧 미술사 한다고 겉멋 부리지 말고 공부에만 집중하라는 당부였다. 다른 어떤 말보다도 훨씬 실제적이고 현실적인 격려이기도 했다. 이런 면접을 치르고 들어온 학생들은 이 말처럼 실질적 조언도 없다고 이구동성으로 말하곤 한다. 이런 격려 덕분에 미술사 공부하고픈 마음이 더욱 고양되더라는 학생도 많았다.

스승의 학문을 한 데로 모은 『고유섭 전집』

지금이야 70대 현역도 많지만, 1980년대만 해도 65세면 꽤 연로한 축이었다. 황수영은 총장 임기를 마치고 정년퇴임 하자 이제는 그만 일선에서 물러나야겠다고 맘먹었다. 우선 학교 연구실과 자택에 있는 책들을 모두 동국대학교에 기증하였다. 학자로서 지금까지 애써 모은 장서를 떠나보내는 게 적잖이 허전했겠지만, 학문 인생에 바로 지금이 한 획을 그을 때라고 여겼던 듯하다. 이 책들은 나중에 학교 도서관으로 옮겨졌고 그의 호를 따서 '초우 문고'로 이름 붙여졌다. '초우蕉雨'는 간송 전형필이 지어주었는데, 황수영은 이 호를 퍽 마음에 들어 해 생전에 자주 썼다. 서가에 빼곡히 꽂힌 수천 권 책 모두 미술사학 공부에 꼭 필요한 책들이었다. '서재에 주인의 삶이 있다.'라는 말 그대로였다. 당시만 해도 전공 서적 구하기가 쉽지 않은 때였는데 도서관에도 없을 귀한 책이 부지기수여서 제자들은 공부하는데 많은 도움을 받았다.

정년퇴임 후 강의와 학교 일을 떠나 겉으로는 유유자적해 보였지만 사실 이 무렵 그의 속마음이 마냥 편치는 않았다. 그간 못했던 오래된 과제 두 가지를 더는 미룰 수 없다고 생각했기 때문이다. 스승 고유섭의 유고遺稿를 정리하고, 저술을 모아 전집으로 펴내는 일이었다. 이 일까지 마쳐야 은사가 베풀어준 고마운 은혜를 갚을 수 있을 텐데 하는 생각이 늘 머릿속에 맴돌고 있었다.

고유섭의 유고란 그가 남긴 '원고 뭉치'로, 생전에 썼던 논문 초고草稿를 포함해 전국을 답사하며 기록했던 메모와 유물 스케치, 미술사 이론에 대한 구상, 여러 자료에서 발췌한 원문原文 등이 망라되어 있다. 두툼한 대학노트와 스케치북, 그리고 원고지와 메모지에 그가 했던 모든 연구의 흔적이 남아 있었다. 오늘날 미술사의 발자취를 보자면 그런 노트 한 장 한 장이 모두 역사적 자료나 마찬가지인 셈이다. 그가 40년에 걸쳐 틈만 나면 들여다보곤 했던 원고였으나, 이제는 자신이 갖고 있기보다는 공공기관에서 보관해야 앞으로도 오래도록 전할 수 있겠다고 생각하여 1988년 동국대학교 도서관에 전체를 기증한 것이다.

이렇게 그의 유고가 오랫동안 보존될 수 있었던 데는 황수영의 노력이 매우 컸다. 1944년 고유섭이 죽은 뒤 제자들이 모인 자리에서 선생의 유고를 어떻게 할지를 논의했다. 이 자리에서 나중에 책으로 펴내자고 의견을 모았고, 유족의 허락을 받아 제자들이 보관하기로 했다. 원고를 흩트려서는 안 되니까, 평소 스승을 가장 잘 따랐던 황수영이 맡기로 한 것이다. 이후 황수영은 이 원고 뭉치를 스승의 분신이라도 되는 양 잘 간직했다. 해방 직전 1년쯤 만주에 머물렀을 때 친구 진홍섭에게 잠시 맡아달라고 부탁했을 때와, 6.25전쟁으로 황급히 부산으로 홀로 피난길을 떠나야 했을 때 아내에게 맡긴 적 말고는 평생 유고를 품에 안듯이 간직하였다.

유고는 커다란 서류 상자 3개에 가득 들어갈 분량이었다. 400자 원고지 네모 칸에는 우리나라 최초 미술사학자의 유려한 글씨가 가득 채워져 있었다. 스케치북에는 답사 가서 본 유물의 스케치 그림이나 약측略測 도면, 그리고 유물이 아닌 미술로서 그린 정물 스케치화도 있었다. 황수영은 평소 고유섭이 학문 말고도 예술 재능과 안목이 뛰어났었다고 말했는데, 그 스케치들을 보면 그 말이 충분히 공감된다.

대부분 논문 원고는 생전에 이미 지면에 발표되었거나 사후에 황수영이 책으로 펴낸 것들이지만 그 외에도 논문을 구상한 글, 답사 중의 회상, 일상의 기분을 짧게 적은 메모 등은 알려지지 않은 글이었다. 우리나라 최초의 미술사학자로서의 그의 체취가 가득 담겨있던 유고들은 도서관 귀중본 서고에 보관되었고, 기증 목록은 도서관이 펴낸 『우현 고유섭 문고』에 자세히 실렸다.

이토록 스승의 학문을 자기 인생의 좌표로 삼은 이도 드물 것 같다. 그래서 같은 우현의 제자이자 평생의 벗인 수묵 진홍섭이 [고희가 된 초우]라는 글에서, "초우는 스승의 말씀을 마음에 새기고 학문에 전심해온 것이 분명하다. 학자는 좋은 스승을 지성으로 따랐고, 스승 또한 지극히 사랑하였다."라고 했으니, 스승에 대한 그의 마음가짐이 그만큼 각별했었던 것이다.

유고 정리 다음 그의 마지막 과제는 지금까지 출판되었던 스승의 저서와 논문, 기고문을 한데 모아 전집으로 내는 일이었다. 고유섭의 책은 『송도의 고적』(1946), 『한국 탑파의 연구』(1948), 『전별의 병』(1958), 『한국 미술문화사 논총』(1963), 『한국 미술사급 미학 논고』(1966), 『한국 탑파의 연구』(1975) 등인데 모두 그의 사후에 황수영이 펴냈었다. 이번에 그가 구상한 전집은 이 책들과 생전에 썼던 학술지와 신문·잡지 등에 실은 글을 한데 모으는 것이었다.

전집 출판의 가장 큰 걸림돌이었던 막대한 출판비는 오래전 『전별의 병』 출판을 도왔던 이겸로李謙魯(1909~2006)가 맡아주었다. 그는 서울 종로구 인사동에 자리한 고서점 통문관通文館을 오랫동안 경영하며 '우리나라 고문서계의 산증인'으로 불리던 이로, 2002년 예술의 전당 서예관에 각종 희귀 서첩 등 유물 491점을 기증하는 등 우리 고서적의 수집과 보관에 공이 많은 분이다. 고유섭의 전집은 1993년 전 4권으로 완간되었다.

미술사학계의 역사적 지표가 될 『황수영 전집』

스승의 전집이 완성되자 황수영의 마음은 드디어 홀가분해졌다. 제자나 지인들을 만나면 흡족하다는 표정을 지으며, "드디어 스승을 위해 내가 해야 할 일을 다 했어."라는 말도 종종 하였다.

그 무렵 그는 광장동에 살고 있었다. 마루에 햇빛이 잘 들었고 남향한 커다란 발코니 유리창 너머로 유유히 흐르는 한강과 멀리 기다랗게 뻗은 천호대교가 이루는 전망이 일품인 곳이었다. 환한 마루에 앉아 책을 읽거나 차 한 잔 마시며 찾아온 지인과 담소할 때 그의 표정은 복잡한 세상일에서 벗어나 유유자적하는 선비의 모습 그대로였다. 서산마애삼존불상과 닮은 미소를 짓는 그의 얼굴에 마루 창을 통해 들어온 환한 햇살이 닿으면 마치 신선 같았다. 그러다가 스승의 전집이 완간된 직후 서초동의 한 아파트로 이사하였다. 새 집은 전처럼 한강이 연출하는 멋진 전망은 없었으나 대신 우면산이 바로 뒤여서 공기가 맑아서 좋다며 내외가 다 만족해하였다.

황수영은 이 무렵 제자들에게 조심스레 자신의 전집 이야기를 꺼냈다. 보통 전집이란 문학가나 학자의 사후에 후배·제자들이 내는 것이기에 본인이 생전에 전집을 내겠다고 한 전례는 거의 없었을 것이다. 그래서 처음에는 다들 의아해하였다. 하지만 그는 다 나름의 까닭이 있어서 이렇게 말한 것이었다. 누군가의 전집이 사후에 나오면, 그중에는 다시 쓸 걸 하고 후회했던 글도 있을 것이고 또 서로 비슷한 내용을 담은 글도 담길테니 자신은 물론 읽는 사람에게도 폐가 될 수 있다고 생각한 것이었다. 잘못된 글, 고쳐야 할 글은 당사자가 가장 잘 알고 있으니 이런 글들은 본인이 미리 정해 놓아야 한다는 의

미였다.

사실 이런 생각은 자신의 경험에서 나왔다. 『고유섭 전집』을 내기 전에 1948년에서 1975년에 걸쳐 스승의 글을 각각 단행본으로 7권을 냈었다. 그때 스승의 글을 다시 원고지에 옮기면서 의문 나는 부분이 많았으나 타계한 뒤이니 물어볼 수가 없어 굉장히 고심하곤 했다는 거였다. 스승이 남긴 원고지에 쓰인 육필을 보고 옮겨야 했으니 그야말로 눈이 빠지게 들여다봐야 했을 것이다. 전집의 주인공이 미리 검토해 놓으면 이런 고생은 피할 수 있겠다는 생각을 그때 했다고 한다. 따지고 보면 모름지기 전집이 나올 정도의 학자라면 가장 정확히 써야 하고, 그 모든 글에 스스로 책임진다는 태도를 가져야 하는 법이니 맞는 얘기였다. 평소 합리와 상식을 존중했던 그의 성격이 배어나오는 말이었다.

그는 이런 생각을 가장 가까운 제자 정영호(단국대학교 사학과 교수), 정명호(동국대 미술학과 교수) 두 사람과 구체적으로 상의했다. 처음에는 의아해했으나 이들도 스승의 뜻을 충분히 이해하면서 본격적으로 추진되었다.

그간 발표했던 글이 워낙 많다 보니 1997년 전집 첫 권이 나온 후 다시 2년이 더 걸려 1999년에야 제6권으로 완간되

제자들과 함께 자료를 검토하는
황수영(사진 아래). 사진 오른쪽은
정영호 단국대 교수, 황수영의 왼쪽은
정명호 동국대 교수.
사진 위 왼쪽은 재일 한국사학자
남석환 선생.

었다.『한국의 불상』상·하(제1·2권),『한국의 불교공예』(제3권),『금석유문』(제4권),『한국의 불교미술』(제5권),『인도 일기』(제6권) 등이다.

그는『고유섭 전집』이 4권인데 제자가 그보다 많을 수 없다고 생각해 처음에는 자신의 전집도 네 권으로 구성하고자 했다. 하지만 편집진에서 분량상 6권이 아니면 도저히 안 된다고 하자 마지못해 승낙했다. 이중『인도 일기』는 그가 1962~1963년까지 인도의 불교 유적지와 박물관을 여행하며 적은 일기 형식의 글이다. 국판 크기의 작은 대학노트에 방문지, 이동 경로, 숙박한 곳과 만났던 사람, 그리고 그날의 느낌 등을 매일 꼼꼼히 적어놓은 것이다. 페이지마다 깨알같이 작은 글씨들이 여백 없이 가득 채워져 있었다. 잠자리에 들기 전, 그날 있었던 일을 순서대로 적었을 뿐이라고 했으나, 마치 한편의 리포트처럼 물 흐르듯이 잘 이어져 그의 성격과 학식을 그대로 드러내고 있다. 마르코 폴로, 로버트 루이스 스티븐슨, 김찬삼金燦三 같은 유명한 여행가의 기행문에 버금갈 만했다.

전집이 6권으로 완간되고 나서 전집 출판을 도왔던 그의 제자가 이렇게 말했다.

"선생님 전집에 실린 원고 분량을 계산해 봤더니 대략 200자 원고지 10만 매 정도나 되던데요."
"내가 그렇게 많이 썼었나?"

흐뭇한 표정을 짓는 그의 얼굴에 서산 마애불상 같은 푸근한 미소가 가득 돌고 있었다.

부록

에필로그
초우 황수영 연보

에필로그
한 인물에 대한 기억

선생은 정년퇴임을 하고서 만년을 여유 있고 한가하게 보내려고 노력했고, 또 실제로 그렇게 지냈다. 숙원이었던 스승의 문집 간행까지 마치고 나자 마음이 훨씬 편해져 더욱 유유자적하게 보낼 수 있었다. 공식 직함은 물론 사양했고, 여기저기서 부탁해오는 강연도 꼭 해야 할 게 아니면 되도록 줄였다. 그래도 지방에 중요한 유적이 발굴되었거나 박물관이나 미술관로부터 특별 전시 초청을 받으면 최대한 참석하는 등 자신의 공부는 게을리하지 않았다.

매년 가을에 한 번씩 열리는 일본 정창원 특별전에도 꼭 다녀왔다. 일본 왕실의 유물 창고 정창원이 비장한 고대의 유물이 대중에 잠깐 공개되었다가 다시 들어가기에 일본 내에서도 화제가 되는 전시회이다. 전시 유물 중에는 실상 우리나라에서 건너간 유물이지만 일본 유물로 잘못 알려진 것도 있었다. 이때마다 그는 일본 전시 관계자에게 말해주었다. 돌아와서는 전시회 내용을 제자들에게 상세히 알려주곤 했다. 그렇게 변함없이 공부하는 선생을 보면서 교수가 되었든 박사가 되었든 제자들은 게으름을 피울 수가 없었다. 적어도 선생 앞에 가서는 공부하고 있는 척이라도 해야 했다.

선생은 팔순을 넘길 때까지도 동국대학교 박물관 건물 한쪽에 마련된 연구실에 매주 한두 번씩 나왔다. 나는 몇 해 동안 이 방에 있으면서 대학원 강의 준비도 해드리고, 때때로 찾아오는 외부 인사나 제자들을 만나실 때 곁에서 심부름도 조금 했다. 또 가끔 선생이 지방에 다녀올 일이 생겨 "신 군, 이번에 어디를 한 번 다녀오세." 하면 선생을 모시고 하루 이틀 다녀오곤 했다. 소소한 일이었으나, 지금 생각해 보면 선생을 가까이서 모시던 이때에 공부가 참 많이 되었는데, 그걸 나중에야 깨달았다.

지방에 갈 때는 고속버스나 기차도 이용했으나 기사가 운전하는 선생의 자가용을 많이 타고 다녔다. 그런데 선생의 차에는 에어컨이 없어서 무더운 한여름이면 다소 곤란하고 힘들었다. 기사는 운전 중에도 손수건으로 연신 땀을 닦아내며

"선생님! 이번에는 에어컨 좀 꼭 달아주세요."하고 투정 아닌 투정을 부렸다. 그럴 때면 선생은 "그게 뭐가 필요해, 바람이 이렇게 시원한데." 하고 웃으면서 창문을 좀 더 내릴 뿐이었다. 선생도 덥기는 매한가지였으나 차에 에어컨은 사치라고 생각한 것이다. 그만큼 검약이 몸에 배어 있었다. 그러면서도 가끔 찾아오는 제자들이 돌아갈 때면 언제나 용돈을 넉넉하게 손에 쥐여주곤 했다.

지방의 유적지, 박물관에 가면 직접 조사했거나 평소 관심이 컸던 유물 앞에 서서 한참을 들여다보며 생각에 잠겼다. 그럴 때 옆에서 보면 팔순이 넘은 나이임에도 마치 한 거인이 서 있는 듯했다. 당신의 경험을 들려주시면 논문 몇 편을 읽는 것보다 더 머리에 쏙쏙 들어왔다. 또 더러 박물관장실에 올라가 관장과 환담할 때도 옆에서 듣고 있노라면 책에는 없는 발굴 비화며 조사에 얽힌 뒷얘기들이 나와 여간 재밌는 게 아니었다. 그것 역시 내게 큰 공부가 된 건 물론이다.

제자는 스승의 지식보다도 그의 인생에서 더 많이 배운다. 그가 꾸밈없이 보여주었던 말과 행동, 공부를 향한 열정과 신념에서 더할 나위 없는 가르침을 얻는 것이다. 어쩌면 강의실에서보다 더 중요한 걸 이때 배우는지도 모른다. 그래서 이런 스승의 가르침을 평생 자신의 등불로 삼아 자기도 스승처럼 공부하려는 마음이 생기게 되는 것은 아닐까.

　　　선생을 모시며 또 하나 기억나는 건 전집 출간이다.『고유섭 전집』을 만들 때 선생의 지시로 이기선 선배와 함께 교정을 보았다. 또 선생의『황수영 전집』은 내가 전담하게 되어 혼자서 전집에 실린 모든 논문을 입력하고 교정까지 다섯 번씩 보았다. 문학 지망생이 명작을 한 자 한 자 그대로 베끼면서 습작하듯이 나도 선생의 논문 전체를 쓰면서 공부한 셈이다.

　　　2007년 선생의 90세를 기념하여 제자들이『초우 황수영 선생 구순 기념논총』을 만들어 스승에게 바쳤다. 기념식에는 후배, 제자, 그리고 평소 그의 인격과 학문을 존경하고 흠모한 수백 명이 기꺼이 참석해 축하해 주었다. 이전에도 그의『고희기념 미술사학 논총』(1988),『팔순 송축 기념논총』(1990년)도 나왔었으나, 이 자리는 특히 그의 삶 90년이 곧 해방 후 우리나라 미술사학이 걸어왔던 길 100년임을 반추하는 기회여서 더욱 뜻깊었다. 참석한 많은 사람이 미술사학계의 산증인을 바라보며 감회에 젖었다. 우리 미술사학계에서 앞으로도 보기 드문 자리였을 것이다.

돌아가시기 한두 해 전부터 선생은 노환으로 부쩍 건강이 나빠졌다. 얼마 뒤에 선생의 2남 2녀 중 막내 자제인 호종 씨(용인대학교 경제학과 교수)가 이제 마지막 인사를 나눌 때인 것 같다고 제자들에게 알려왔다. 우리는 한꺼번에 다 갈 수 없어서 몇 명씩 모여 선생을 뵈었다. 아마도 맏제자인 정명호·정영호 교수가 가장 먼저 찾아갔던 것 같고, 나는 선생의 막내 제자 격인 김길웅(동국대학교 고고미술사학과 교수), 이기선(불교조형연구소 소장), 허상호(성보문화재연구원) 등과 함께 뵈었다. 선생은 이전보다 부쩍 수척해진 얼굴로 침대에 누운 채 한 사람 한 사람마다 손을 잡으며 찾아와주어 고맙다고 하셨다. 내게 한 말씀은 "공부 열심히 하게!"였다. 그렇게 마지막 인사를 나누고 무거운 발길을 돌려 방을 나가다가, 나는 선생과 마지막이구나 하는 생각에 도저히 그대로 나갈 수가 없었다. 되돌아서서는 선생이 누운 침대 앞으로 가서 큰절을 한번 올리고 "선생님, 고맙습니다." 하고 일어났다. 선생은 그런 나를 잠시 물끄러미 바라보더니 아무 말 없이 고개를 몇 번 끄덕거렸다. 선생은 얼마 뒤 돌아가셨고, 장지는 충남 예산 화산추모공원에 마련되었다.

옛일이 궁금하면 글이나 자료를 본다. 중요한 일이었다면 대개 역사가가 잘 정리해 놓아 이해하기 쉽다. 잘 쓴 역사라면 한편에 치우치지 않고 사건과 인물을 평가했을 테니 그대로 판단해도 괜찮을 것이다. 다만 옛사람의 경우엔 한 인간으로서의 훈훈한 체취와 따스한 온기는 '역사'에서 느껴볼 수 없다. 그럴 때, 한 사람의 온기를 느껴보고 싶다면 기억을 되살려도 괜찮아 보인다. 기억도 역사의 한 형태이니까.

내가 이 책에 쓴 것은 어쩌면 내가 기억하는 그에 관한 일부만일 수도 있다. 한 사람의 인생을 어떻게 책 한 권으로 다 설명할 수 있겠는가. 그래도 가까이서 뵈며 가르침을 받았던 제자였으니, 그의 학문과 삶을 이해하는 데에 조금이나마 도움이 되었으면 좋겠다고 기대해 본다.

황수영은 사람들의 개인적 기억을 넘어서서 이제 역사가 되었다. 그렇다면 평생 불교미술의 멋과 아름다움을 찾았던 미술사학자로서 그를 어떻게 정의 해야 할까? 나는 이렇게 말하고 싶다. 그의 인생은 '한국 미술사와 함께 한 삶'이었고, 이제 그의 학문은 '미술사학계의 큰 별'이 되었다고.

초우 황수영 연보

1918년	6월 10일 경기도 개성시 관훈동 608번지에서 출생
1931년	2월 개성 제일보통학교 졸업
1936년	3월 경성 제이고등보통학교(현 경복고) 졸업
	일본 마쓰야마(松山)고등학교 입학
1939년	3월 일본 마쓰야마고등학교 문과 졸업
	일본 도쿄제국대학교 경제학부 입학
1941년	2월 동경제국대학 경제학부 졸업
	일본 이와나미(岩波)서점 편집부 근무
1944년	귀국
1945. 12~1947. 10	개성상업학교 교감 근무
1948. 1~1950. 10	국립중앙박물관에서 박물감으로 근무
1946년	은사 고유섭의 『송도의 고적』 출간
1948년	고유섭의 『한국 탑파의 연구』 출간
1954. 4~1966. 2	서울대·고려대·연세대·건국대 전임강사로 출강
1955~1986	동국대학교 불교대학 인도철학과 및 인문대학 사학과 교수로 봉직.

	이 기간 국보·고적·명승·천연기념물 보존회 위원
1958년	고유섭의 『전별의 병』을 통문관에서 출간
1961년	한일회담 한국 측 대표
1962~1994년	문공부(현 문화관광부) 문화재위원회 위원
1962년	인도 유적 조사. 고유섭의 『한국미술문화사논총』을 통문관에서 간행
1965년	한일회담 대표단 전문위원 및 대표 한국미술사학회 대표회원, 한국범종연구회 회장, 한국대학박물관협회 회장
1965~2011년	안중근 의사 기념사업회 이사. 학교법인 성보학원 이사
1966년	고유섭의 『한국미술사급미학논고』를 통문관에서 출간
1971~1974년	국립중앙박물관 관장
1973년	동국대학교 문학박사. 미국 박물관 시찰
1974년	홍조근정훈장 수상. 영국·독일·프랑스 교육계 시찰
1974~1980년	동국대학교 박물관 관장
1975년	고유섭의 『한국 탑파의 연구』를 열화당에서 출간
1977년	5.16민족상 수상. 고유섭의 『우리의 미술과 공예』를 열화당에서 출간
1978년	고유섭의 『한국 탑파의 연구』를 일본어판으로 요시카와 코분칸(吉川弘文館)에서 출간
1980년	국민훈장 동백장 수상
1982~1985년	동국대학교 총장
1982년	건국대학교에서 명예 철학박사 수여
1983년	사단법인 노산(鷺山) 기념사업회 이사

1989~1996년	한국정신문화연구원(현 한국학중앙연구원) 객원교수
1993년	『고유섭 전집』(전 4권)을 통문관에서 출간
1995년	경복고등학교에서 경복대상(大賞) 수상
1996년	대한민국 은관문화훈장 수상
2011년	2월 1일 향년 93세로 영면

지은이 · 신대현

동국대학교 사학과를 졸업하고, 동 대학원 미술사학과에서 석사와 박사학위를 받았다. 학부와 대학원에서 황수영 선생의 훈도를 받았고, 또 정명호·정영호 교수 등에게서 배움을 얻었다. 1985~1986년 호림박물관 학예사, 2000년 동국대학교박물관 선임연구원 등으로 유물을 접하며 공부하였고, 1992년부터 2005년까지 10여 년간 전국 900여 전통 사찰을 답사하며 『전통사찰 총서』 21권을 간행했다. 이처럼 대학과 박물관에서의 연구와 오랜 현장 답사 경험은 이후 여러 권의 저서로 연결되었다.

불교 미술사에 관련해서는 『한국의 사리장엄』, 『한국의 사찰 현판』(전3권), 『닫집』, 『진영眞影과 찬문讚文』, 『적멸의 궁전 사리장엄』, 『테마로 읽는 우리 미술』, 『불교미술 이해의 첫걸음』, 『사리舍利』이 있으며 사찰 문화 기행서로 『우리 절을 찾아서』, 『경산제찰을 찾아서』, 『강원도 명찰 기행』, 사지寺誌로 『전등사』, 『화엄사』, 『송광사』, 『불영사』, 『성주사』, 『대흥사』, 『낙가산 보문사』, 『봉은사』, 『은해사』, 『갓바위 부처님: 선본사 사지』, 『낙산사』, 『대한불교보문종 보문사 사지』를 냈다. 또 역사 문화서로 『명찰명시』, 『옥기玉器 공예』를 썼고 그 밖에 번역서로 『산중일기山中日記』도 썼다.

1999~2000년 대구 효성가톨릭대학교 예술학과 겸임교수, 2006~2007년 뉴욕주립대(스토니브룩) 방문학자(Visiting Scholar)였으며, 현재 능인대학원대학교 교수이다.

'이 사람을 보라' 간행위원회

증명 — 성우
고문 — 성월, 돈관
간행위원장 — 윤성이, 박대신

간행위원 —
이영경, 채석래, 종호, 곽채기, 김관규
문선배, 임선기, 최대식, 윤재민, 조충미
박정오
김종윤, 김양수
윤재웅, 이계홍, 유권준, 신홍래, 신관호
이용범, 신미숙, 박기련, 지정학, 김애주
김성우, 김창현, 김정은

이 사람을 보라
불교미술의 아름다움을 찾아낸
미술사학자 황수영

2023년 2월 8일 1쇄 발행
2023년 3월 6일 2쇄 발행

글쓴이 — 신대현
발행인 — 박기련
발행처 — 학교법인 동국대학교 출판문화원

출판등록 — 제2020-000110호(2020.7.9)
주소 — 04626 서울시 중구 퇴계로36길2 신관1층 105호
전화 — 02-2264-4714
팩스 — 02-2268-7851

Homepage — http://dgpress.dongguk.edu
E-mail — abook@jeongjincorp.com

디자인 — 씨디자인
인쇄 — 신도

ISBN 979-11-91670-42-4 03810
값 12,000원

이 책의 무단 전재나 복제 행위는
저작권법 제98조에 따라 처벌받게 됩니다.